AF409882

para escribir
un trabajo
universitario

EDICIONES UNIVERSIDAD CATÓLICA DE CHILE
Vicerrectoría de Comunicaciones
Alameda 390, Santiago, Chile

editorialedicionesuc@uc.cl
www.ediciones.uc.cl

MANUAL PRÁCTICO DEL ALUMNO
*para escribir
un trabajo universitario*
Hernán Corral Talciani

© Inscripción N° 265.478
Derechos reservados
Mayo 2016
ISBN N° 978-956-14-1812-7

Diseño: Francisca Galilea

CIP-Pontificia Universidad Católica de Chile
Corral Talciani, Hernán Felipe.
Manual práctico del alumno para escribir un trabajo
universitario / Hernán Felipe Corral Talciani.
1.   Redacción de escritos técnicos – Enseñanza.
2.   Tesis – Manuales.
I.   t.
2016   808.066378 + DDC23   RCAA2

MANUAL PRÁCTICO DEL ALUMNO

para escribir un trabajo universitario

HERNÁN CORRAL TALCIANI

EDICIONES UC

Índice

Presentación

Mi experiencia como profesor y encargado de seminarios de investigación de la carrera de Derecho durante más de dos décadas fue seguramente lo que indujo a las autoridades de la Universidad de los Andes a solicitarme que redactara un breve folleto, en un lenguaje llano y sencillo, que sirviera como una herramienta útil para los alumnos que deben elaborar trabajos escritos en sus diversas carreras. En el verano de 2012 me empeñé en escribir un texto que pudiera cumplir con esa finalidad. Es así como ese mismo año se imprimió con el título *Escribiendo un trabajo universitario. Guía práctica para el alumno* y se distribuyó entre profesores y estudiantes.

Por comentarios de colegas académicos, incluidos algunos de otras universidades, pude percibir que el librito tuvo una buena recepción entre quienes tuvieron acceso a él, y de hecho hace ya bastante tiempo que no existen ejemplares disponibles.

Es por ello que me atrevo ahora, gracias a la generosa invitación de Ediciones Universidad Católica, a entregar a la imprenta una versión actualizada y ampliada de aquel texto. He actualizado todo lo referido a herramientas informáticas y a direcciones de páginas web, así como las materias reguladas por la Real Academia de la Lengua, que va dando orientaciones y criterios conforme lo aconseja el dinamismo del uso del lenguaje. Para ello nos ha sido de mucha utilidad el libro de la Academia Chilena de la Lengua titulado *Lo pienso bien y lo digo mal. Notas idiomáticas para el correcto uso del idioma* (Santiago, 2014).El texto se ha ampliado en algunos aspectos como la elaboración de trabajos colectivos o en grupo, la honestidad intelectual como virtud que evita incurrir en el denostado plagio académico y la utilización de gráficos, figuras e imágenes que son habituales en los trabajos de carácter empírico.

También he procurado enfatizar la naturaleza comunitaria que tiene la vida y la labor propia de las Universidades: todos, profesores y alumnos, podemos avanzar hacia nuevos conocimientos no sólo porque contamos con la ayuda de los demás componentes de la comunidad universitaria si no porque nos apoyamos en las experiencias, logros y fracasos, de millones de personas que nos han precedido en la historia de las ciencias y las artes. En este sentido, nos parece aplicable la sentencia atribuida a Bernardo de Chartes: *"nos esse quasi nanos, gigantium humeris insidentes"* (somos como enanos sobre hombros de gigantes) porque grafica con una imagen elocuente lo que realmente hacemos cuando nos proponemos elaborar un trabajo intelectual: si podemos ver más y avanzar en el conocimiento, no es sólo por nuestros propios méritos, sino porque "nos encaramamos" sobre el trabajo de nuestros colegas y de muchos más que nos precedieron.

Aprovecho de agradecer especialmente a Jaime Cisternas, profesor de la Facultad de Ingeniería y Ciencias Aplicadas de la Universidad de los Andes, y a Ana María Álvarez, que corrigió las primeras pruebas de esta edición, por las observaciones y sugerencias que ambos hicieron a la primera versión del texto y que he procurado aprovechar para mejorarlo.

Abrigo la esperanza de que esta obra pueda ser de utilidad a los alumnos en su empeño por adquirir la formación que les ofrece la vida universitaria y sacar provecho de la riqueza del autoaprendizaje, en conocimiento y en competencias profesionales, que implica la elaboración de un trabajo escrito de buena factura.

El autor
Santiago de Chile, 29 de marzo de 2016

¿Por qué los profesores exigen trabajos escritos en los cursos universitarios?

La expresión escrita

Al comenzar esta guía que te ofrecemos para elaborar un trabajo escrito como parte de tus estudios universitarios, puede ser oportuno y conveniente analizar, aunque brevemente, las razones por las cuales los profesores aprecian tanto esta forma de actividad formativa. La primera tiene que ver con la transcendencia misma de la expresión por medio del lenguaje escrito.

Cuando Aristóteles definió el ser humano como un animal social (*Política* I, 2, 1253a 2-3) necesariamente ha de haber tenido en cuenta la facultad que tenemos hombres y mujeres de comunicar nuestros pensamientos, deseos, sentimientos, emociones, a través del lenguaje. Sin la comunicación lingüística sería imposible constituir una comunidad civilizada que permita la plenitud de la vida humana.

La comunicación a través del lenguaje oral es importantísima, pero ella se enriqueció enormemente cuando se inventó la expresión escrita. La escritura ha posibilitado que el conocimiento y la cultura humana puedan ser transmitidas de una generación a otra; el mensaje queda retenido en un soporte mediante signos que luego son comprendidos por un receptor que puede estar no solo lejos geográficamente del emisor sino separado por siglos y milenios. La cita que hemos hecho de Aristóteles, le ha permitido a él comunicarse con todos los que han podido leer sus obras escritas en el siglo IV a. de C.

No hay que identificar expresión escrita con libros y revistas en papel, tal como ahora los conocemos, y que pueden ser sustituidos o al menos equiparados por textos en formato electrónico o digital, posibles de acceder por medio de computadores, teléfonos o tabletas informáticas. Estos cambios ya los ha conocido la escritura. De hecho, los jeroglíficos egipcios fueron descifrados desde la piedra rosetta, es decir, estaban en soporte "roca". Luego se escribió por largo tiempo en papiros que se enrollaban; más tarde el papiro fue sustituido por rollos de pergamino. El lector iba desenrollando el texto a medida que iba leyendo y no podía saltar de un punto a otro. Jesús cuando fue invitado a leer la Sagrada Escritura en la Sinagoga de Nazaret lo hizo desde un rollo (Lc. 4, 20). El formato del libro actual (*codex* o códice), compuesto de páginas que van encuadernadas y que se leen una tras otra, fue inventado en la Edad Media por los monjes que mantuvieron la cultura después de la caída del imperio romano. Surge también el papel en sustitución del pergamino. Con la aparición de la imprenta en el siglo XV, el libro adquirirá el formato y características que se han universalizado hasta la aparición ahora de los *e-books* o libros digitales.

Comprenderás, entonces, que lo importante no es el soporte, sino el mensaje (las ideas) que los signos lingüísticos contienen y transmiten.

La formación universitaria, en cualquier disciplina, tiene como elemento indispensable el dominio de la expresión escrita, ya sea para conocer lo que otros ya han pensado, inventado, descubierto o narrado, ya sea para comunicar el propio pensamiento de un modo estable hacia los demás miembros de la comunidad académica o hacia otros ámbitos en los que pueda ser de utilidad.

Aunque las habilidades fundamentales del uso del lenguaje oral y escrito (gramática, ortografía, sintaxis) son propias de la enseñanza básica y media, la educación universitaria, tanto de pregrado como de posgrado, requiere que su empleo sea aún más intensivo y especializado para lograr las competencias científicas y profesionales que son fin y objeto de este tipo de estudios del más alto nivel.

De todas formas, a modo de recordatorio y de actualización, puedes encontrar algunas reglas de ortografía, redacción y sintaxis en el Anexo II.

Se conoce mejor lo que se escribe

Si te fijas bien, existe también una razón pedagógica para encargar la elaboración de trabajos escritos a los alumnos universitarios. Sucede que el esfuerzo de expresar un concepto o de explicar un fenómeno o realidad, y más aún cuando debe ponerse esa expresión en un documento escrito, favorece una mejor comprensión en el autor de aquello que intenta explicitar para que lo conozcan otros a través de la mediación de su trabajo.

En tus estudios universitarios bien pronto te darás cuenta de que uno no ha aprendido realmente lo que no es capaz de explicar a otros. Esto se aplica con mayor intensidad a lo que uno no es capaz de relatar o describir mediante el lenguaje escrito.

Obviamente, eso requiere pensar lo que se quiere decir, buscar lo que otros han escrito, revisar distintas opiniones y formular la propia. Pero esta dinámica se perfecciona a medida que se va poniendo por escrito: al escribir, advertimos que tenemos que revisar nuevamente una fuente o que lo que pensábamos que teníamos claro no lo estaba tanto, y que hay que darle una nueva vuelta, incluir un nuevo matiz, una nueva fuente, y así sucesivamente.

Todo esto lleva a concluir que si haces un buen trabajo escrito, lo que habrás aprendido será mucho y lo tendrás más firmemente adherido a tu pensamiento que la materia que simplemente recogiste en tus apuntes de las clases del profesor.

Además, al hacerlo, irás adquiriendo, casi sin proponértelo, hábitos o modos de hacer que te servirán mucho en tu vida profesional, como el rigor, la perseverancia, la disciplina, la sistematicidad, el orden y la autocrítica en el razonamiento.

Verba volant, scripta manent

Puede agregarse una última razón por la cual los profesores solemos encargar trabajos escritos a los alumnos: consiste en la fijación y permanencia de la escritura. Los antiguos decían: *verba volant, scripta manent* (las palabras vuelan, lo escrito permanece). En similar sentido, el refranero popular enseña que "a las palabras se las lleva el viento".

El discurso hablado tiene su riqueza: es más directo, va acompañado de gestos que incrementan la comunicación, etc., pero tiene la debilidad de que normalmente no es reproducible para aquellos que no lo escuchan (salvo que se grabe en soportes de audio o imagen). En cambio, lo que se escribe tiene una mayor permanencia, sobre todo si el soporte es el papel. Lo escrito en papel puede durar cientos de años.

Esta alta durabilidad permite que lo escrito ofrezca el estímulo al autor de querer plasmar lo mejor posible su pensamiento, porque podrá ser leído por muchas personas, incluso no conocidas por él. En un trabajo escrito no tienes que pensar que únicamente será leído por el profesor que lo encargó. Este puede dárselo a leer a sus ayudantes, a sus colegas, puede dejarlo como ejemplo para otros alumnos que vengan en años venideros, o incluso puede considerar que debiera publicarse en un medio de difusión en papel o digital.

Por todas estas razones, casi todas las carreras universitarias, incluidas también aquellas que no dicen relación con las humanidades o las ciencias sociales (Medicina, Enfermería, Psicología, Ingeniería Civil, Administración, Ingeniería Comercial, Auditoría, etc.), contemplan de una u otra forma la elaboración por parte de los alumnos de trabajos escritos. Todas ellas necesitan formar un profesional que sea capaz en su vida laboral de ejercer destrezas de comunicación escrita, por vía de memorias, informes, minutas, evaluaciones de proyectos y otros documentos propios del ejercicio de esa determinada profesión.

Esperamos que con estas reflexiones puedas advertir que los trabajos escritos no se encargan arbitrariamente o por mera rutina, sino porque son una manera privilegiada de enseñanza y aprendizaje en los estudios universitarios. Es cierto que requieren mayor esfuerzo que otras actividades curriculares, pero, si les dedicas el tiempo necesario y sigues algunos consejos como los que te entregaremos, te darás cuenta de que el empeño habrá valido la pena. Y no solo por una mejor calificación, sino por las habilidades y conocimientos que habrás adquirido y que serán decisivos en tu vida profesional.

Diversos géneros de trabajos escritos

Pluralidad de géneros

Los trabajos que encargan los profesores pueden responder a diversos géneros de escritura. Cuando hablamos de géneros nos referimos a las "distintas categorías o clases en que se pueden ordenar las obras según rasgos comunes de forma y de contenido" (*Diccionario de la lengua de la Real Academia Española*, voz "género", acepción 6).

Estos géneros pueden variar según la disciplina científica: por ejemplo, es diversa la forma, el lenguaje, el estilo de un trabajo que debe escribirse para un curso de microbiología que otro que se ha encomendado a un alumno de periodismo. Pero incluso en una misma disciplina científica es posible distinguir también géneros diferentes: así en Ingeniería Civil puede tratarse de poner por escrito los resultados de un experimento (trabajo de investigación empírica) o de hacer un comentario de un capítulo de un libro de Física.

Sin ánimo de agotar el elenco de los géneros posibles, podemos decir que la mayor parte de los trabajos que encargamos los profesores a los alumnos universitarios pertenecen a alguna de las siguientes categorías: el trabajo literario, el trabajo informativo, el trabajo de investigación empírica, el trabajo de investigación interpretativo, el ensayo y el comentario. Veamos brevemente en qué consiste cada uno de estos géneros.

Los trabajos literarios

Llamamos trabajos literarios a aquellos que ocupan el estilo y las formas de lenguaje del arte de la literatura, que a su vez pueden dividirse en múltiples subgéneros: poesía, cuento, novela, guion de teatro o cine.

Estos trabajos exigen no solo que las ideas sean bien expresadas, sino que el lenguaje y el estilo brinden un goce estético al lector. La literatura expresa lo humano en el contexto de lo bello, de lo artístico (aunque haya muchas formas de hacer arte).

Los trabajos literarios no suelen ser encomendados a los alumnos universitarios, salvo en carreras en las que se estudia o se intentan dominar habilidades artísticas y sobre todo literarias.

Pero no hay que olvidar que un alumno universitario tratará no solo de ser competente en la profesión que ha elegido, sino una persona con una formación integral, entre la cual también debiera estar el aprecio por y el cultivo de ciertas destrezas o gustos artísticos (literarios, musicales, pictóricos). No es extraño que alumnos de diversas carreras incrementen su formación participando en concursos de cuentos, redactando poemas o canciones, o incluso obras literarias de mayor aliento. Recordemos que Nicanor Parra, uno de nuestros mejores poetas, estudió matemática y física y fue profesor de la Escuela de Ingeniería en la Universidad de Chile.

Los trabajos de información

Damos el título genérico de trabajos de información a aquellos escritos cuya finalidad única o principal no es crear o desarrollar nuevo conocimiento, sino informar sobre el conocimiento que ya existe en una determinada materia. Se suele dar el nombre de artículos o libros de divulgación científica a aquellas obras que tienen este fin más informativo que innovador.

Dentro de esta categoría pueden colocarse trabajos que, aunque no tienen por objeto aportar un conocimiento nuevo, son muy útiles para realizar sobre ellos trabajos de investigación o creación científica. Nos referimos a las labores de organización, fichaje o compilación.

Estos trabajos tienen por objeto una serie de documentos que pueden encontrarse dispersos o son de difícil acceso. Pueden consistir en un fichero, esto es, una organización sobre la base de diversos criterios: cronología, autor, materia, etc., o una compilación, es decir, una transcripción de los documentos ordenados también según algún criterio, y acompañada de índices. Por ejemplo, puede hacerse un trabajo de fichaje y organización de las autorizaciones del Instituto de Salud Pública respecto de ciertas substancias o medicamentos, o una compilación de las cartas de José Miguel Carrera durante su estadía en Estados Unidos.

Los trabajos de investigación empírica

Estos trabajos suponen que previamente se ha realizado un experimento o actividad de investigación de campo relacionada con hechos mensurables o cuantificables (encuestas, estudios estadísticos, índices económicos). Estos trabajos son más requeridos en las carreras que utilizan este tipo de metodologías, es decir, las que estudian ciencias exactas o empíricas, como Salud, Ingeniería, Economía o Administración. Pero también pueden darse en disciplinas que pertenecen a las ciencias humanas o humanidades: por ejemplo, en Derecho se puede investigar cuál es el monto que se otorga como indemnización por muerte de la víctima, dependiendo de ciertos factores, como la edad, la condición socio-económica, la ubicación geográfica del tribunal, etc. En Psicología, se puede encomendar un trabajo para esclarecer si el uso de ciertas técnicas de prevención del estrés disminuyen o no los accidentes en la empresa. Los trabajos empíricos de las ciencias sociales suelen utilizar las técnicas de investigación llamada "cualitativas", por oposición a las "cuantitativas" que son preferidas por las ciencias experimentales. Son técnicas cualitativas aquellas que más que en la traducción numérica de los valores medidos y de su proyección hacia un universo más amplio, se focalizan en los discursos de las personas y en la interpretación de sus significados y repercusiones en un determinado ámbito cultural o social. El experimento, con sus grupos de ensayo y de control, o encuestas con rigor estadístico, son técnicas cuantitativas. En cambio, análisis de textos de prensa, entrevistas a personajes, observación de conductas sociales, pertenecen al área de la investigación cualitativa.

En todo caso, el trabajo debe surgir como resultado de la actividad previa que debe ser rigurosamente desarrollada. Si la investigación empírica no usa la metodología científica apropiada (elegir bien lo que se va a medir, las variables dependientes e independientes, el grupo de control, la selección de entrevistados o de las conductas a observar) o los datos no se recogen de manera exacta, el trabajo será de mala calidad, por mucho que el escrito que lo exponga esté bien redactado.

Este tipo de trabajos suele ser de extensión corta. Su redacción va acompañada de cuadros, gráficos o figuras que muestran los resultados de los experimentos, encuestas u otras investigaciones de campo.

Los trabajos de investigación interpretativa

La investigación interpretativa, a diferencia de la empírica, no se basa en fenómenos fácticos o hechos mensurables y medibles, sino en el mundo de las ideas, los conceptos, los argumentos, las teorías y la confrontación de opiniones. Es el tipo de investigación que se desarrolla en el ámbito de las ciencias humanas o sociales, como la Filosofía, las Comunicaciones, el Derecho, la Historia y las Artes.

Estos trabajos, en vez de actividades de carácter experimental, encuestas o entrevistas, se centran en problemas cuya solución se busca con argumentos que proceden de una previa exploración de las cuestiones que ya han sido tratadas por otros textos en el ámbito de esa disciplina. Después de establecer el estado de la cuestión, es decir, lo que actualmente se tiene por válido o más fundado en una determinada materia, el autor debe construir su propuesta y argumentar por qué ella le parece mejor que lo que se ha sostenido hasta entonces.

En estos escritos, la búsqueda bibliográfica y la lectura previa de los textos que serán la base del trabajo, resulta fundamental. Por eso, puede decirse de manera gráfica que el laboratorio de estos investigadores es la biblioteca.

Los ensayos

Los ensayos son trabajos que explicitan la opinión del autor sobre un determinado asunto que presenta interés por su actualidad u originalidad, pero en que no se sigue el estricto método científico, ya sea empírico o de interpretación, ni tampoco la cita o referencia de todas las fuentes en las que se basa el planteamiento.

El estilo de tales trabajos, por tanto, es menos escueto y frío que los escritos de investigación, suele ser más animado y sugerente, pero también es cierto que tienen menos valor como aporte al conocimiento, justamente porque no siguen un método riguroso.

Las conferencias o charlas, cuando se ponen por escrito, asumen el género del ensayo.

Los comentarios

Los trabajos que llamamos comentarios pueden ser de diferente naturaleza, pero tienen en común que en ellos el autor vierte ideas sobre otro texto. Estos comentarios, si son meramente descriptivos, es decir, si se limitan a sintetizar lo que se dice en un libro, artículo, sentencia, documento gubernamental o internacional, pueden considerarse trabajos de información o divulgación.

Es más meritorio cuando a la descripción se une la opinión crítica del autor. Decimos crítica en su sentido amplio de evaluación, que puede ser positiva, negativa o una mezcla de ambas.

Cuando se trata del comentario de un libro se suele distinguir entre reseña y recensión. La reseña es meramente informativa: se limita a dar a conocer los principales puntos contenidos en la obra y el interés que podría tener para diversos lectores. La recensión, en cambio, añade a lo anterior una evaluación personal del libro: se expresarán los aspectos que se estiman mejor logrados de la publicación, otros en los cuales existen errores o deficiencias y también aquellos que se hubiera querido que el libro incluyera y que no han sido suficientemente abordados.

¿Cómo determinar el género de tu trabajo?

Muchas veces el género de tu trabajo vendrá dado por la disciplina que estás estudiando o la del curso en el que te ha sido solicitado. Pero es cierto que en una misma disciplina pueden aplicarse géneros diferentes: por ejemplo, a veces se encomendará un trabajo de investigación, o solo un comentario o un ensayo con una opinión. Es necesario, en consecuencia, atender a las instrucciones que dé el profesor sobre el objeto y la metodología del trabajo para determinar cuál es el género preciso que deberás emplear.

Advertimos que algunas veces los géneros pueden mezclarse y el trabajo encomendado puede ser una combinación de algunos de ellos.

Si no tienes claro cuál es el género del trabajo que te ha sido encomendado, debes aclararlo preguntando al profesor o a su ayudante. Tomar esta precaución te evitará tener sorpresas desagradables al momento de la evaluación.

Consejos al comenzar

¿Qué tema?

Un consejo que podemos darte para iniciar el trabajo es que te enteres muy detalladamente del trabajo que te ha sido encomendado por el profesor. Ya hemos visto el género, que es fundamental, pero luego debes saber exactamente cuál es el tema, problema, documento o materia sobre la cual debe versar tu escrito.

Si el profesor ofrece la posibilidad de que elijas tú mismo el tema, ya sea dentro de un listado predeterminado o libremente dentro de un amplio abanico de materias, te recomendamos reflexionar adecuadamente cuál es el tema que más te agrada, pero no retardar la elección más de la cuenta. Puede suceder que como la fecha de entrega se ve lejana, postergues esta decisión para no correr el riesgo de elegir un tema que no sea de tu gusto, pero esto tiene el peligro de que el tiempo, que siempre corre más de prisa de lo que pensamos, se venga encima y finalmente, ante la premura de la entrega, te veas forzado a elegir de un modo improvisado y presionado por tener que escribir algo, lo que sea, para llegar a presentarlo dentro del plazo establecido.

Otro consejo que la experiencia nos hace recomendar con fuerza es que, una vez elegido el tema, se persevere en él y no se ceda a las tentaciones de cambiarlo para empezar de cero en otro y perder todo lo que ya se ha avanzado en el primero.

Un dicho anglosajón dice que siempre luce más verde el pasto del vecino. No es extraño que cuando alguien comienza a trabajar en serio en un tema, advierta que le exige un esfuerzo mayor del esperado y surja la idea de que otro tema sería más fácil o más estimulante. Pero en la mayoría de las veces, por no decir en todas, esto es solo un espejismo: un pretexto para no seguir en el tema previamente elegido, sin lograr ninguna ventaja al asumir ese nuevo. A poco andar te darás cuenta de que el nuevo tema exige tanto o más trabajo que el anterior.

¿Cuántas páginas?

A los profesores nos asombra (relativamente) que muchas veces cuando encargamos un trabajo a los alumnos, lo único que parece importarles, más que el tema o su utilidad, es cuántas páginas deben escribir.

Es cierto que la extensión esperada es una información importante para elaborar un trabajo, pero no porque sea más fácil un trabajo de menos páginas que otro de muchas. Es famoso el dicho de un escritor (Pascal) que al escribir a un amigo le aseveraba: "Te escribo una carta larga porque no tengo tiempo de escribir una carta corta". Y no le faltaba razón: pronto te darás cuenta de que hacer un buen trabajo en pocas páginas es mucho más exigente que llenar una gran cantidad de carillas pero sin casi nada sustancioso y original.

En todo caso, es conveniente que el profesor entregue alguna instrucción sobre la extensión que espera del trabajo. Si es más preciso, en vez de páginas, puede dar la extensión de números de palabras o de caracteres, ya que los programas informáticos proporcionan fácilmente esta información. En ocasiones, no solo se entregará una extensión mínima (no menos de tanto) sino una extensión máxima (no más de tanto).

En la mayor parte de las veces, sin embargo, la extensión que indique el profesor será aproximada, de modo que tú no debes preocuparte si no cumples exactamente con los mínimos y máximos, y sobre todo si te excedes un poco. Como siempre, importa más la calidad que la cantidad de lo escrito y son más relevantes las ideas que las páginas.

¿Solo o en grupo?

La autoría de un trabajo universitario puede ser individual (un alumno) o colectiva (un grupo de alumnos). Sobre ello, se estará sujeto, en primer lugar, a las instrucciones del profesor que encarga el trabajo. A algunos les gustan más los trabajos individuales, porque es más fácil evaluar el esfuerzo que hizo cada alumno. Pero otros prefieren los trabajos en grupo, formados de manera predeterminada o por elección de los mismos alumnos, porque desean fomentar los hábitos propios de trabajar en equipo.

Si el profesor deja a los alumnos la decisión de hacer el trabajo individualmente o formando grupos, nuestro consejo es que vayas probando cuál modalidad te resulta mejor para tu propia personalidad y estilo de trabajo, de modo que a veces hagas un trabajo solo y otras veces con otros compañeros o compañeras.

Lo que no te recomendamos es que te decidas por el trabajo colectivo con la intención de trabajar menos descansando en la labor que realizarán los demás del grupo. En estos casos, no sólo estarás desperdiciando la oportunidad de aprender, sino que te irás haciendo la fama de aprovechador y poco solidario, que puede perseguirte en el resto de tu vida profesional (recuerda que esos compañeros o compañeras muy probablemente serán luego los colegas con los que deberás relacionarte en el campo laboral).

Advertimos también sobre una mala práctica que puede darse en los trabajos colectivos, a veces con la buena intención de que nadie pueda descansar en la labor del resto. Se trata de dividir el trabajo en tantas partes como integrantes del grupo, para luego pegar en un solo documento lo que cada uno redactó para cumplir el encargo inicial. Como se comprenderá, esos trabajos carecerán de unidad interna y parecerán más un *"collage"* de escritos diversos que un solo escrito. El resultado es deplorable, pero también se ha conspirado contra el propósito del trabajo en grupo, que es potenciar el razonamiento individual con los aportes de los demás, en un intercambio interactivo de opiniones, críticas, consensos o divergencias.

No nos oponemos a que como una fase inicial se distribuyan secciones del trabajo a los miembros del equipo, pero una vez elaboradas esas secciones, deben ser compartidas y discutidas en el seno de todo el grupo para llegar a una visión común. Después de esa discusión, alguno de los integrantes debe reelaborar el material para darle una unidad de redacción, estilo, sistematización y racionamiento, para que así pueda presentarse un trabajo de autoría realmente colectiva o grupal y no un escrito que une artificialmente varios trabajos individuales.

Planificar: el secreto para no llegar a última hora

Si no te ha pasado aún, seguramente te pasará. Todos lo hemos experimentado alguna vez: ver cómo el plazo de entrega se aproxima y todavía no tener listo el trabajo, o tener todo pensado para imprimir el trabajo a las 16:00 horas para cumplir con la hora de entrega de las 18:00 horas, y resulta que la impresora se atascó y no funciona, y hay que salir corriendo a buscar otra.

Más allá de las angustias sufridas, lo más probable es que el trabajo presentado *in extremis* no cumpla con los estándares de forma y fondo que la excelencia académica requiere. Por ello, no habrá cumplido de la mejor forma su finalidad pedagógica.

El único "secreto" que conocemos para que esto no ocurra es la planificación inicial del trabajo, que se refleje en un cronograma escrito. Este cronograma debe incluir el plazo de entrega y colocar un plazo de terminación del trabajo que sea anterior al menos en dos días (por cierto este plazo puede adaptarse según la naturaleza y género del trabajo, pero debe siempre existir). Sobre la base del plazo de terminación, debes ordenar el tiempo que dedicarás para realizar las labores de investigación o de información previa, reunión de materiales, escritura, corrección, impresión y encuadernación.

Esta planificación debe hacerse teniendo en cuenta las demás actividades académicas que tienes que desarrollar durante el tiempo de elaboración del trabajo: asistencia a clases, controles, pruebas, lecturas, etc., de otras asignaturas. Un consejo útil es el de aprovechar las "ventanas" entre horas de clases: una ida a la biblioteca o al laboratorio de computación para avanzar en el trabajo pueden ayudar mucho para ir adelantando. También los fines de semana son especialmente aprovechables, porque puedes dedicar horas continuadas en las que lograrás concentrarte en el tema que estás trabajando y así avanzarás más rápido.

Cuidado con los computadores

Los computadores han facilitado enormemente la labor de escribir trabajos universitarios. Probablemente tú no puedas imaginar cómo nos las arreglábamos los que tuvimos que hacer trabajos o tesis en las antiguas máquinas de escribir, que hoy son piezas de museo.

Pero este maravilloso avance de la tecnología tiene también algunos riesgos que muchas veces hacen pasar dolores de cabeza a todos los escritores, y más aún a los principiantes como los alumnos universitarios.

Un primer peligro es el de no dominar los programas que procesan textos. Así, se escribe pero luego cuando se intenta imprimir el texto este aparece con letras distintas, con márgenes disparejos, con sangrías en la primera línea en algunos párrafos y en otros no, sin números de páginas, con notas de pie de página de letra diferente, etc. Entonces será necesario perder tiempo en arreglar el documento para que pueda imprimirse de un modo presentable. Mejor es que lo escribas desde un principio con las funciones correctas del procesador, de modo que luego la impresión no sea problemática. No está mal que, si no dominas bien el procesador de textos de tu computador, le pidas a alguien que te instruya al respecto.

Pero el peor de los riesgos de la escritura informática es la desaparición del trabajo, cuando se pierde el computador (robo de un notebook, por ejemplo) o entra un virus que borra los archivos, o por error se manda al archivo a la papelera, y después alguien le da la orden de vaciarla, o se escribe algo encima y se le manda guardar. Son muchas las formas en las que podemos perder textos del disco duro del computador.

La cuestión es dramática si no hemos impreso ni dejado ningún respaldo del documento. Se aplica en estricto rigor el concepto filosófico de aniquilación, es decir de algo que vuelve a la nada. No queda rastro alguno de lo que hemos escrito. Te lo decimos por experiencia propia: pocas cosas son tan fastidiosas como tener que comenzar de nuevo algo que ya habíamos escrito y terminado.

Para precaver este riesgo, siempre presente cuando se trabaja con la informática, es necesario en todo momento tener un respaldo de los documentos que se van redactando. Este respaldo puede ahora conseguirse fácilmente a través del uso de *pendrives* o mediante el envío de textos a una dirección de correo electrónico con amplia capacidad de almacenaje. Últimamente, la posibilidad de usar los sistemas que prestan servicios de almacenamiento en la "nube" en internet (*cloud computing*) puede ser una buena herramienta para este propósito. Todos estos sistemas permiten el uso gratuito hasta una determinada capacidad (2 a 5 GB), que es más que suficiente para la inmensa mayoría de los trabajos universitarios.

Estos servicios ofrecidos para almacenar documentos en la nube virtual, resultan tremendamente útiles, y no sólo para evitar la pérdida de los archivos, sino para acceder a esos documentos desde distintos computadores o *tablets* y teléfonos móviles. Lo que se modifica en cualquiera de ellos se sincroniza inmediatamente en todos. De esta manera, puedes tener accesible el documento en su última versión en el computador de tu casa, en el computador personal que llevas a la universidad o en el *tablet* o teléfono que portas cuando viajas. Por si esto fuera poco, estos servicios de depósito en la nube te permiten compartir documentos y carpetas con otros usuarios, lo que facilita los trabajos en grupo.

Personalmente hemos usado con facilidad el servicio de dropbox (www.dropbox.com), pero son también recomendables otros sistemas semejantes como icloud (https://www.icloud.com/) y google drive (https://www.google.com/intl/es/drive/).

El diccionario: un buen compañero

Cualquiera sea la materia sobre la cual debe escribirse, el respeto de las reglas del lenguaje (gramática, ortografía, sintaxis) es fundamental. Por eso recomendamos que nunca se comience a escribir sin tener a la mano un buen diccionario, que provea información sobre el significado de las palabras y la forma en que deben escribirse. El más autorizado es el *Diccionario de la Lengua Española* de la Real Academia Española, actualmente en su 23ª edición (2014). Existen ediciones muy manejables y que son bastante económicas.

Para aquellos más informatizados y que tengan fácil acceso a internet, pueden utilizar la página web del diccionario que permite buscar por términos: http://dle.rae.es/

Es necesario prevenir que los correctores automáticos que suelen tener los procesadores de textos son útiles pero no infalibles ni completos. Sirven de alerta sobre erratas que se cometen al escribir o sobre ciertas faltas de ortografía, pero a veces desconocen términos que son especializados y no son capaces de juzgar la sintaxis o sea si la palabra corresponde según el contexto. Por eso, es bueno que no te confíes demasiado en pasar el texto que escribiste por el corrector automático del programa computacional que estás ocupando.

Fuentes e información

Fuentes primarias y secundarias

En todo trabajo, y sobre todo en aquellos de investigación, pueden distinguirse dos tipos de fuentes sobre las cuales se construirá la redacción, y que más tarde constituirán la bibliografía del texto que se escribe. Las más importantes son las llamadas fuentes primarias: consisten en hechos, opiniones o doctrinas, normalmente registrados en documentos, sobre los cuales versa directamente el tema del trabajo. Así, los fallos judiciales y las leyes que se refieren a un tema son fuentes primarias para un trabajo jurídico; los cuentos de Edgar Allan Poe son fuentes primarias para un ensayo o trabajo de investigación sobre ese autor; los documentos que contienen los resultados de un experimento o de una encuesta, son fuentes primarias para un trabajo de investigación en ciencias empíricas; el acta del Cabildo Abierto de 1810 es una fuente primaria para un trabajo de historia sobre la independencia de Chile.

Por oposición, entonces, son secundarias todas las fuentes que no son primarias. Pero se trata de fuentes, es decir, de materiales que sirven para elaborar el trabajo, porque consisten en textos que ya han abordado el mismo tema o algunos puntos que conforman ese tema. Por ejemplo, una biografía de Edgar Allan Poe o un estudio sobre su narrativa puede ser fuente secundaria para el trabajo sobre sus cuentos de horror; un libro jurídico que interpreta la misma ley sobre la que se está investigando es fuente secundaria para el trabajo de derecho; un *paper* publicado en una revista científica (*journal*) sobre un experimento similar al que se está realizando es fuente secundaria para un trabajo de investigación empírica.

Las fuentes primarias son de obligada consulta para cualquier trabajo: ¿cómo podrías hacer un ensayo sobre una declaración de la Asociación Nacional de la Prensa si no la has leído directamente y te contentas con fragmentos publicados en los diarios? Sería una falta de rigor inexcusable.

El uso de fuentes secundarias siempre es recomendable, pero depende de la naturaleza del trabajo la obligatoriedad de ubicarlas y consultarlas, y si deben ser algunas o todas. En un ensayo podría prescindirse de ellas; en cambio en un trabajo de investigación, y sobre todo en una tesis, se exige que se hayan consultado todas las fuentes secundarias pertinentes al tema. En todo caso, es necesario que diferencies entre las fuentes secundarias, las que son obras de reconocida autoridad y aquellas que tienen un fin meramente divulgativo o didáctico (manuales, resúmenes, comentarios, guías). Estas últimas pueden ser útiles para comprender bien una materia o problema e identificar las obras propiamente científicas, pero no deben sustituir la consulta y cita de estas últimas.

¿Y si sobre mi tema no hay nada escrito?

Cuando hayas elegido el tema, y tengas ya ubicadas las fuentes primarias, puede asaltarte una inquietud al comprobar, después de varias búsquedas, que sobre tu tema no existe ningún libro ni artículo. Normalmente esto proviene de la errada idea de que uno debería encontrar un texto que tenga prácticamente el mismo título que el trabajo que estamos redactando, lo cual es muy improbable. Tienes que tener un poco de paciencia y escudriñar mejor los catálogos bibliotecarios y las obras generales, para verificar que existen estudios que, si no sobre el mismo tema (aunque con otro título), existen varios textos sobre temas similares o aledaños que pueden servirte de fuentes secundarias.

Por lo demás, el que no exista nada escrito sobre el particular tema que has elegido o te han encomendado, es una razón para alegrarse en vez de preocuparse. Si, efectivamente, no hay nada escrito, quiere decir que lo que tú escribas será lo primero, con lo cual tienes muchas más posibilidades de aportar algo nuevo y original a la materia que estás explorando.

Usando la biblioteca: de ratones a navegantes

Todos hemos oído alguna vez la expresión despectiva de "ratón de biblioteca". La imagen que evoca la expresión es la de un personaje oscuro y mustio con lentes gruesos o lupa en mano que apenas levanta la cabeza en un sucucho repleto de volúmenes llenos de polvo y ajados por el tiempo. Esta es una caricatura del investigador y del estudiante, así como de las bibliotecas. Las bibliotecas actuales son funcionales, llenas de luz y colorido, y en las que lo menos que existe es el aburrimiento y el inmovilismo. Estos sitios se han abierto a los estudiantes para que puedan acceder directamente a los libros, revistas, bases de datos, medios audiovisuales, archivos digitales y muchas maneras de ubicar información útil sobre los más diversos temas.

Es muy conveniente que desde los inicios de tus estudios te vayas familiarizando con este laboratorio y depósito de la ciencia y la cultura que es una buena biblioteca. No solo se trata de usar sus instalaciones para estudiar los apuntes de clase, sino para explorar por tu cuenta materias que son interesantes, ya sea como futuro profesional o simplemente como una persona que intenta cultivar su intelecto, con buena literatura, buena música o buen cine.

Te recomendamos conocer la biblioteca de tu Facultad, Escuela o Instituto o de la Universidad (si tiene una biblioteca general) y los servicios que ofrecen a través de sus páginas web. Encontrarás muchos recursos e informaciones que te servirán para entender mejor cómo funciona. Seguramente en tu carrera te habrán llevado a visitarla e incluso puede que hayas recibido algunas charlas que dictan sus mismos funcionarios. Pero la experiencia enseña que lo que se escucha en breve tiempo sobre una gran cantidad de funciones que todavía no necesitas, no se asimila. Es necesario que te internes como navegante en este mundo especial y fascinante.

Cuando te sientas perdido, no dudes en pedir asesoría a los funcionarios, y especialmente a los referencistas, que son bibliotecarios especializados en ciertas materias y que pueden apoyarte a buscar el material que necesitas.

Una herramienta fundamental que debes saber dominar es la búsqueda a través del catálogo informático. Puedes buscar por nombre de autor, de título de la obra, de materia y finalmente por palabra clave. Lo más eficaz suele ser esta última función, ya que puede que no tengas información sobre el autor o el título de alguna obra, o que lo escribas de manera errónea, lo que hace que el buscador no reconozca los términos. Es necesario intentar varias veces poniendo distintas palabras clave para hacer un barrido de todo lo que existe en el catálogo. Por ejemplo, si estás buscando libros sobre influencia de la estabilidad de la familia en la educación de los hijos, puedes intentar poniendo los términos "familia", "matrimonio", "divorcio", "educación", "hijos". Esta búsqueda es aún más precisa si el motor de búsqueda da la posibilidad de buscar por palabra clave en autor, título o materia, como el del Sistema de Bibliotecas de la Pontificia Universidad Católica de Chile (SIBUC).

En cada listado que te aparezca debes seleccionar las obras que se acerquen más a tu tema, y recoger el número que indica la ubicación. Cuando tengas un buen listado de ellos, puedes pasar a buscar físicamente las obras escogidas y llevarlas a tu escritorio para consultarlas. Solo después de haberlas revisado podrás darte cuenta si realmente son pertinentes al tema, y podrás recoger sus datos o pedirlas en préstamo para estudiarlas más detenidamente en tu casa.

También debes consultar las diferentes bases informáticas con que cuenta la biblioteca y que recogen artículos de revistas internacionales de acceso digital. Debes preguntarle al profesor o a los referencistas qué recursos electrónicos puedes usar para investigar en el asunto que te han encomendado.

Solo cuando hayas agotado la búsqueda en la o las bibliotecas de tu universidad y veas que falta información relevante o que debes consultar obras que no están en su catálogo, puedes pasar a tratar de encontrarlas en otros centros de documentación especializados o en otras bibliotecas externas. Para evitar pérdidas de tiempo, te conviene consultar los catálogos que la mayoría de las bibliotecas más importantes tienen en línea. Con la ubicación de la obra podrás ir personalmente a consultarla o pedirla a través de un préstamo interbibliotecario.

Otras fuentes de información: ¿Google, Wikipedia?

Según la naturaleza y el tema de tu trabajo a veces deberás consultar otras fuentes de información diversas de las bibliotecas. Si se trata de un trabajo histórico, por ejemplo, probablemente deberás trabajar en archivos administrativos, notariales o particulares. En ocasiones, deberás entrevistar a las personas que conocen de primera mano un tema que estás investigando. La prensa puede ser también una fuente importante para ciertos trabajos de Comunicaciones, Psicología o Sociología.

Pero no podemos dejar de mencionar una de las fuentes de información que se ha convertido en los últimos años en la preferida de los estudiantes, y también de los no estudiantes. Nos referimos a internet, y a motores de búsqueda como Google o a enciclopedias digitales como Wikipedia, en sus diferentes presentaciones (español, inglés, francés). ¿Es conveniente obtener información a través de estas herramientas que ofrece la web? ¿Podemos fiarnos de lo que encontremos en ellas? ¿Pueden citarse como fuente autorizada de un dato, una opinión o una teoría?

Las preguntas son pertinentes. Hace un tiempo se puso en evidencia que un proyecto de ley presentado al Congreso por un parlamentario estaba extraído de Wikipedia, usando las recurridas funciones informáticas de "copiar y pegar".

Ya nos ocuparemos del problema de copiar de una fuente sin indicar la procedencia en el trabajo y haciéndola pasar por propia (el plagio). Pero ahora queremos darte algunas recomendaciones sobre si conviene usar o no este tipo de fuentes y si corresponde citarlas en el trabajo.

Un primer consejo debiera ser la cautela frente a cualquier información que no esté publicada en papel. Incluso lo que muestran los sitios oficiales de organismos gubernamentales o de carácter internacional, debe ser visto con prudencia. Más aún si estamos consultando un sitio meramente privado, un blog de una persona particular o una red social. Todo lo que es digital es volátil, tiene poca fijeza y durabilidad. Lo importante de una fuente de información es que se mantenga para que pueda ser consultada por aquel que lea tu trabajo y quiera contrastar la veracidad de lo que tú afirmas. Pues bien, es muy posible que pocos meses después de que hayas extraído un dato, un gráfico o una información de un sitio web, ya no lo encuentres en la dirección que tenías. Esto sucede incluso con los sitios web institucionales, y no por intento de fraude o mala fe, sino sencillamente porque cada vez con más rapidez se hacen renovaciones de los sitios de internet, y todo se reposiciona, de modo que las antiguas direcciones ya no conducen a ninguna parte.

Por otro lado, las informaciones que se encuentran en la web son o pueden ser interesadas, parciales o no contrastadas. Por ejemplo, Wikipedia es una enciclopedia que se va construyendo con el aporte de todos quienes quieren intervenir en ella, de modo que no existe ningún autor que se haga responsable por los datos e informaciones que se contienen. Tampoco tiene fijeza, porque las distintas voces del diccionario van siendo corregidas y revisadas una y otra vez. Sin duda es un mecanismo ingenioso y muy participativo, pero poco fiable si se trata de investigaciones académicas o científicas. Por eso, sería poco aceptable que, aunque no te apropiaras de la información que has tomado de Wikipedia, pongas en tu trabajo un dato histórico o literario citando como fuente autorizada el portal de esta enciclopedia virtual. Puede que el dato sea correcto, pero la fuente que usas es poco confiable.

¿Quiere decir que debes prescindir del todo de este tipo de buscadores o diccionarios digitales? No hay que ser tan categóricos. Por experiencia, hemos comprobado que el buscador Google o Wikipedia pueden ser útiles para averiguar rápidamente un dato, una fecha, un nombre de un autor, los libros que escribió, o incluso qué artículos existen sobre un determinado tema (en este sentido no es despreciable la ayuda que proporciona google académico: http://scholar.google.es).

Pero una vez extraído el dato debemos acudir a contrastarlo con una fuente en papel o en una base informática rigurosa, y, en su caso, será esta la fuente que deberás ocupar y poner como referencia en un trabajo (en nota al pie o en la bibliografía). Las fuentes de internet pueden servir de puente o medio para llegar a las fuentes propiamente tales.

Así y todo, hay casos en los que no hay forma de acudir al texto en papel, ya sea porque no existe o es de difícil acceso. En tales casos, podrás citar la fuente en internet y colocar una referencia a la URL (*Uniform Resource Locator*) o dirección de la página web en la que se encuentra el texto, pero sin olvidarte de poner la fecha de la consulta. Esto le indica al lector que el día en que tú consultaste el texto se encontraba en esa dirección, pero que no le aseguras que pueda ser reubicado en el momento en que lo esté leyendo.

Manejo de las fuentes: fichas o fotocopias

Una vez que has recogido todas las fuentes, tanto primarias como secundarias, que usarás en tu trabajo, es necesario saber manejarlas para sacarles el máximo provecho.

Esto dependerá de la envergadura del trabajo y del número de fuentes. Si se trata de un ensayo sobre un libro de un autor, no tendrás mayor problema. Pero si se trata de un trabajo de investigación en que has consultado 15 libros y 25 artículos de revista, no será sencillo organizar el trabajo.

Para ello será útil el índice o esquema provisional que hayas realizado, al menos después de una lectura inicial de las primeras fuentes. De acuerdo a ese esquema puedes ocupar dos métodos de trabajo: el de hacer fichas temáticas o el de las "fotocopias iluminadas".

Las fichas temáticas son un sistema que se usaba mucho para los trabajos de tesis en tiempos anteriores a la informática. Se empleaban pedazos de cartulina o papel duro de pequeña extensión (como de un cuarto de página), donde el autor anotaba una o más frases extraídas de un libro o artículo, con la anotación de los datos de la obra y de la página en que se encontraba la cita, todo ello colocado bajo un término que hacía referencia al índice provisional. Luego estas fichas se ordenaban en cajitas de madera (o en cajas de zapato) por abecedario o por los capítulos del índice. Terminado el fichaje de todas las fuentes, comenzaba la labor de redacción, en la que ya no se consultaban los libros y artículos sino solo las fichas relativas al punto que tocaba escribir.

Con el invento de las fotocopias y de los documentos fotografiados o escaneados, el sistema de fichas en papel pareció pasar a mejor vida. Pero no ha sido del todo así, porque la informática también da posibilidades para hacer fichas, ya no en papel, pero sí en documentos digitales. Hay muchas formas de hacerlo, e incluso existen programas que permiten hacer fichas temáticas y después buscarlos por diferentes conceptos: autor, contenido, etc. Una aplicación informática que muchos profesores utilizan a modo de ficheros es la de Evernote (https://evernote.com/intl/es-latam/), que se especializa en la organización de notas y dispone de un sistema básico gratuito.

Una manera sencilla y que te puede servir, sobre todo para trabajos no demasiado extensos, es simplemente ir haciendo citas de las obras consultadas en uno o varios documentos en *microsoft word*, pero insertadas bajo el título de los capítulos o secciones que conforman el índice provisional a los que cada cita sea atingente. Cuando redactes el trabajo, puedes ir sacando esas ideas y algunas frases textuales de esas fichas para incorporarlas al texto definitivo.

Un segundo método, que también puede ser práctico y sencillo, es el de sacar fotocopias de los fragmentos de los libros o de los artículos en la parte relevante para tu trabajo. Luego, al leer detenidamente esos fragmentos vas subrayando partes del texto y colocando con lápiz de color al margen el concepto o el título abreviado del capítulo del índice al que se refieren. Una vez "iluminadas" las fotocopias, tendrás que mantenerlas constantemente a tu lado para irlas manejando según vas avanzando en la escritura de tu trabajo. Conviene organizarlas por temas usando los archivadores tradicionales.

Estructura del trabajo y redacción

El índice-esquema: la columna vertebral

Sabemos la función que cumple nuestra columna vertebral. Sin ella nuestro cuerpo se derrumbaría y no podría mantenerse erguido. Lo mismo sucede con un trabajo que carece de un buen índice. Seguramente habrás visto que lo primero que revisas de un libro o de un artículo para saber si te sirve es el título e inmediatamente después, el índice. Ahí te haces una idea de la estructura y contenido de la obra. Lo mismo le ocurre a los profesores cuando leen los trabajos que preparan sus alumnos: van rápidamente al índice y allí mismo hacen su primer diagnóstico de la calidad del escrito. Raramente sucede que esa primera impresión no sea refrendada por la lectura posterior.

Contrariamente a lo que ocurre con otras piezas del trabajo como la introducción o las conclusiones, el índice debe hacerse antes de redactar el texto del trabajo, porque sirve de guía e impide que te desvíes del itinerario lógico que tú mismo has visto como conveniente para exponer los resultados de tu estudio. Pero se trata de un índice-esquema, en el que se van poniendo los títulos de los capítulos y de las secciones, de manera no definitiva.

El índice-esquema no es una camisa de fuerza que no pueda admitir cambios. En la medida en que por el avance de la escritura te des cuenta de que es necesario añadir capítulos, subdividir algunos, refundir otros, irás modificándolo y perfeccionándolo. Esto te sucederá con bastante seguridad, y es bueno que ocurra porque significa que vas dominando mejor el tema. En todo caso, el índice permanece como guía y orientación hasta el final. Por cierto, la versión definitiva del índice se hará una vez terminado el trabajo.

La estructura del índice puede ser muy variada y dependerá del género del escrito y también de los usos de la disciplina en la que estás trabajando. En un ensayo puede que no se ocupe un índice explícito, es decir, que no haya subdivisiones y sea una composición de corrido de tres o cinco páginas. Lo mismo sucederá en un comentario o recensión. Pero ten cuidado porque siempre hay un índice implícito o tácito que el autor ha tenido en cuenta para que el texto vaya siguiendo una línea lógica de argumentación y de continuidad de las ideas. Por eso, conviene escribir incluso en estos casos un índice aunque luego se elimine.

En trabajos de mayor vuelo, el índice debe ser explícito. Un índice explícito debe tener capítulos o secciones en que se divida el estudio, los que además pueden contar con subcapítulos o subsecciones y así sucesivamente según la complejidad del trabajo. Todo capítulo o subsección debe tener un epígrafe, que consiste en un breve título que anuncia al lector el contenido de ese apartado.

Los capítulos o secciones suelen ir ordenados con diferentes tipos de numeraciones. Para trabajos con pocas divisiones puede prescindirse de usar este sistema y la jerarquía de los capítulos, subcapítulos o secciones se indica por el tipo de letra que se emplea en los epígrafes (es lo que decidimos usar en esta guía, como ya habrás podido observar).

Hay quienes gustan de usar los números romanos para los capítulos más importantes (I, II, III, IV), y luego las divisiones de estos ponerlos en números arábigos (1, 2, 3, 4). Otros prefieren emplear estos últimos para los capítulos grandes y reservar las letras mayúsculas o minúsculas para sus subdivisiones (a, b, c). Otras formas son las de ir dividiendo cada número en subnúmeros separados por puntos: así el 1, se subdividirá en 1.1; 1.2; 1.3; y el 1.1, a su vez puede subdividirse en 1.1.1, 1.1.2, 1.1.3. No te aconsejamos seguir más allá de esta triple división, porque muy probablemente el lector más que aclararse se confundirá cuando esté en el punto 2.3.5.3.2.

Un error que suelen cometer los estudiantes y también los no estudiantes (incluso se observa en obras publicadas) es la de no guardar la correspondiente armonía y simetría del índice.

El índice debe ser simétrico en el sentido de que no puede haber subdivisiones únicas. Si tú partes una torta, por lo menos te quedarán dos partes, y nunca resultará de la división una sola parte. De esta forma, es erróneo que tu trabajo conste solo de un capítulo I. Si existe un capítulo I, por lo menos existirá un capítulo II (y también, si es que se necesitan, III, IV o V). Por lo mismo, si el capítulo I, se divide en un punto 1, debe existir imperativamente un punto 2 (como mínimo).

Es incorrecta, por ejemplo, la siguiente estructura:

> Capítulo I: Los avances en genética del siglo XX
> > 1. El descubrimiento de la doble hélice del ADN
> Capítulo II: El código genético humano

Lo correcto debiera ser algo como:

> Capítulo I: Los avances en genética del siglo XX
> > 1. El descubrimiento de la doble hélice del ADN
> > 2. La reacción en cadena de la polimerasa
> Capítulo II: El código genético humano

Respecto de la armonía debes fijarte en la extensión de cada capítulo, sección o subsección. Para que el trabajo esté equilibrado, cada una de ellas debe tener una extensión equivalente. No es necesario que tengan el mismo número de páginas, pero hay que evitar las desproporciones, como por ejemplo que un capítulo tenga ocho páginas y otro solo una. La solución es una restructuración del índice, ya sea para dividir el capítulo excesivamente extenso, o para insertar en otro capítulo, y como subsección, el capítulo demasiado breve.

Una última advertencia. Los computadores a veces nos proporcionan ayudas que terminan por complicar. Nuestra experiencia nos muestra que no es conveniente utilizar la herramienta que suele tener incluido el procesador de textos *microsoft word*, y que consiste en un listado con viñetas o números que se va conformando automáticamente al escribir. Te recomendamos desactivar esa función para tu trabajo (normalmente viene activada por defecto). De lo contrario, cuando quieras revisar y cambiar el índice, te costará un doble esfuerzo darle órdenes contrarias al computador que ya ha "decidido" por su cuenta que la numeración es de una determinada manera.

Para ayudarte con el índice te ofrecemos varios modelos alternativos en el Anexo V.

Introducción, cuerpo y conclusiones

Salvo en los trabajos literarios o en los menores como ensayos y comentarios, la estructura de un trabajo tendrá que tener al menos tres partes principales: la introducción, el cuerpo del trabajo y las conclusiones.

En el índice tanto la introducción como las conclusiones no se enumeran. La introducción se coloca como un título antes del capítulo o sección primera. Basta que se la indique así: Introducción. Lo mismo sucederá con las conclusiones que irán ahora al final del capítulo que cierra el trabajo: Conclusiones.

La introducción debe abordar la razón por la que se realiza el trabajo, la importancia o utilidad del tema, el método que se ha empleado, algunas advertencias sobre puntos no abordados o que se dejan para otras investigaciones, y un anuncio del recorrido que se hará en el trabajo en búsqueda de las conclusiones. De esta forma, es conveniente que la introducción avise al lector de qué trata cada capítulo o sección del trabajo y cómo estos se conectan entre sí. También suele usarse la introducción, en sus párrafos finales, para manifestar algún agradecimiento a quien te haya ayudado especialmente en la elaboración del trabajo. Aconsejamos, sin embargo, en esto ser más bien escuetos y no extenderse en expresiones demasiado sentimentales que desdigan de la sobriedad del trabajo académico.

Respecto de las conclusiones, ellas deberán introducirse, después del título, con frases del estilo como: "De todo lo que se ha expuesto en este trabajo, podemos extraer como conclusiones las siguientes:...". Luego se enumerarán en párrafos más bien breves las conclusiones, que normalmente serán más de tres. Estas conclusiones pueden numerarse con números árabes seguidos de paréntesis: 1ª), 2ª), 3ª), etc.

Quién escribe y para quién

Una primera cuestión que debes resolver antes de comenzar a redactar es quién será el protagonista de tu trabajo. Lógicamente quien escribe es el o los autores del trabajo, pero otra cosa es cómo se presentan en la redacción del escrito. Existen tres posibilidades: la primera persona del plural (o plural de cortesía), la primera persona del singular y el estilo indirecto.

El plural de cortesía es el que estamos utilizando en este mismo escrito. Como te habrás dado cuenta, el autor, aunque sea individual, habla como un "nosotros" (primera personal del plural). Usando esta alternativa tendrás que escribir expresiones como: "nuestra opinión es..."; "intentaremos aclarar tal cosa...", "nos parece que está equivocada tal idea...".

La segunda alternativa es más personalizada y directa, pero puede a veces sonar presuntuosa y un tanto egocéntrica: "pienso que lo mejor en este caso...", "en mi parecer lo que debería hacerse es..."; "me opongo a la idea de que...". Es el estilo que puedes observar en la "Presentación" de esta obra.

La tercera opción evita totalmente el personalismo, más diluido del plural y más concentrado del singular, para ocultarse en un estilo neutro: "se estima que lo más sensato es...", "hay buenas razones para sostener que...", "debe inferirse que esa no es una conclusión correcta...".

Para elegir el estilo debes preguntar al profesor o ver cómo escriben los autores de la disciplina que estudias. También habrás de considerar con cuál te sientes más cómodo como autor. Si se trata de un trabajo colectivo, parece que lo más indicado es la primera personal plural (nosotros). Pero, cuidado, una vez elegido el estilo debes perseverar en el mismo en todo el trabajo. Nadie te podrá objetar de falta de rigor académico por haber elegido cualquiera de las tres alternativas, pero sí si comienzas en primera persona plural y luego sigues en primera persona singular y más adelante retornas al plural. Esto que parece sencillo no lo es tanto, y requiere estar muy atento al redactar y, sobre todo, al corregir.

Como excepción puede cambiarse la persona en la que se escribe cuando se trata de piezas separadas del texto principal. Por ejemplo, el trabajo puede estar en primera persona del plural, pero el autor destina una página inicial o final para expresar agradecimientos a quienes colaboraron con su labor. El texto de los agradecimientos puede ir en primera personal del singular ya que en ellos el autor quiere aparecer más cálido y cercano. Lo mismo sucede con un prólogo, prefacio o presentación (como ocurre con este mismo texto).

Después de determinar quién escribe, conviene pensar un momento en quiénes serán los destinatarios del trabajo. En el caso de los alumnos la respuesta parece sencilla: el destinatario es el profesor, y por tanto podría imaginarse que hay que escribir pensando en un solo lector. No es así. El profesor leerá el trabajo imaginando cómo lo leerían los destinatarios naturales de ese tipo de escritos.

Por eso, es distinto un trabajo de divulgación de otro de investigación. Normalmente los trabajos académicos están destinados a que los lean los expertos en la disciplina, aunque no necesariamente los que dominan el tema particular del trabajo. Pero también pueden tener como destinatario un público más amplio, como todo profesional medianamente culto. La forma de escribir, y el uso de términos o expresiones técnicas, serán diferentes según el público al que está, aunque sea hipotéticamente, dirigido tu trabajo.

Aunque en general en los trabajos académicos el autor no se dirige directamente al lector, por lo que redacta en estilo indirecto: por ejemplo, "los argumentos a favor de la pena de muerte se han visto debilitados en las últimas décadas", a veces es posible ocupar un estilo directo en el que se apela directamente al lector, y deberás elegir entre el tratamiento de tú o de usted. Como habrás apreciado en este trabajo ocupamos el estilo directo con tratamiento de tú, porque es la forma usual en la que un profesor trata a sus alumnos. Pero en ocasiones el trato deberá ser de usted. Por ejemplo, "como podrá usted observar los argumentos a favor de la pena de muerte se han visto debilitados en las últimas décadas".

El síndrome de la "pantalla en blanco"

Antiguamente se hablaba del síndrome del papel en blanco para aludir a esa especie de pánico que surge cuando alguien sabe que debe escribir algo, se sienta en el escritorio con el lápiz en la mano y contempla la hoja vacía, totalmente blanca, que pareciera decirle que no tendrá valor suficiente para escribir nada. Lo mismo se experimenta hoy cuando aparece la página en blanco del documento virtual en la pantalla del computador.

Uno de los síntomas más frecuentes de este especial síndrome de quien desea escribir es que justamente cuando uno ya ha decidido dedicar un tiempo fijo para redactar, suelen presentarse otros asuntos que parecen más urgentes o más atractivos que sentarse a escribir.

No debes preocuparte demasiado si piensas que padeces este síndrome. Para tu consuelo, te diremos que todos quienes escriben, de una u otra forma, lo sufren y su mérito está en que logran vencerlo. Y, seamos justos, tampoco es tan difícil ni tan heroico. Basta con un poco de esfuerzo y voluntad.

Respecto de las distracciones que surgen justo cuando uno se propone comenzar a escribir, es conveniente atenerse a la planificación. Si esos son tiempos que has decidido reflexivamente que debes dedicar a escribir, entonces las otras alternativas que te asaltan, aunque parezcan muy razonables (estudiar para una prueba que se aproxima, ayudar en la casa, jugar con el hermano pequeño, sacar a pasear al perro), son en realidad pretextos para huir de lo que debes hacer.

Desechado el canto de las sirenas que te invita a desviarte de tu objetivo, hay que romper de plano con el síndrome del papel o pantalla en blanco. ¿Cómo? Muy fácil: haciendo rápidamente que el documento ya no esté en blanco, lo que se logra escribiendo algunas pocas palabras. El maleficio se rompe cuando ponemos cualquier frase que, si bien puede no ser muy profunda ni incisiva, es suficiente para comenzar. Por ejemplo: "Este trabajo trata sobre el tema tal o cual...". "El tema que vamos a estudiar es interesante porque...". Una vez conjurado el maleficio con unas cuantas palabras, se sigue con otras hasta completar un párrafo, y después de escribir un párrafo siempre es más fácil escribir otro, y luego otro, hasta llegar a una página. Después de tener escrita una página, es mucho más sencillo escribir las que vienen.

No decimos que todo sea un camino de rosas y que, traspuesto ese primer obstáculo, no sobrevengan otros. Escribir es una tarea ardua, que requiere esfuerzo, compromiso, hábito, voluntad, y por ello, justamente, es tan apreciada como instrumento pedagógico y de formación de los alumnos.

Escribiendo párrafo a párrafo

Seguramente no te decimos nada nuevo si te advertimos que la escritura es una comida de "lenta cocción". Cada cual tiene su velocidad para redactar, pero en general todos nos tomamos un buen tiempo al hacerlo. Máxime, cuando se trata de personas jóvenes que todavía no tienen la práctica de la redacción y de la expresión escrita.

Pero esta constatación no debe abrumarte. Lo mejor es no plantearse metas irreales y creer que en pocas horas vas a escribir un trabajo de larga extensión. Como en una subida a una montaña, para llegar a la cumbre hay que ir haciendo cada día un trecho, y descansando en algunas laderas. Plantéate redactar una parte de un capítulo, una sección, y luego proseguirás por lo que continúe, hasta que de pronto verás que ya tienes cubierto todo el índice que te habías propuesto inicialmente.

Al redactar una parte o sección, debes ir también con paciencia y tenacidad, de a poco: párrafo a párrafo. El párrafo es una unidad de redacción que se distingue de los demás por estar separados por un punto y parte. Contiene varias frases, todas dirigidas a transmitir una sola idea; cada párrafo debe corresponder a una idea.

Su extensión no debe ser muy larga para no cansar al lector. Si ves este mismo texto, verás que los párrafos no suelen tener más diez líneas. Es un buen límite. Si de repente has escrito un párrafo que lo supera, entonces, conviene dividirlo poniendo un punto y aparte y abrir un nuevo párrafo, ahora con una idea relacionada pero diferente de la anterior. Como vemos que ya estamos en la sexta línea de este párrafo conviene que practiquemos lo que predicamos, de modo que lo cerramos con el respectivo punto y aparte.

Muy importantes en la redacción son los "párrafos de conexión" entre diversos puntos del trabajo. Piensa que el lector es un niño grande que también desea que se le cuente el cuento. Así, aunque el título del capítulo o el subtítulo ya lo anuncien, es conveniente que haya un primer párrafo que explicite que lo que se abordará en esa parte será tal o cual punto. Al cerrar la sección, conviene también hacer una conexión con el que sigue, y manifestar que dado que ya se ha concluido o demostrado algo, se debe preguntar o resolver una siguiente cuestión o materia, que será la que se aborde en el siguiente apartado del trabajo.

Incluso dentro de un mismo párrafo son útiles palabras o locuciones que eviten el estilo antiguamente conocido como "telegráfico" (el telégrafo cobraba por palabra de modo que los usuarios mandaban mensajes sin conectivos: "Murió abuelo funeral mañana 11 horas"). Son expresiones como: "dado lo anterior", "por ello", "en consecuencia", "por tanto", "por el otro lado", "además", "de modo que", etc.

Sin mirar atrás

La Biblia cuenta que cuando Yahvé decidió destruir Sodoma, avisó a la familia de Lot, los únicos justos de la ciudad, para que huyeran, pero les hizo una categórica advertencia: no mirar hacia atrás, pasara lo que pasara. A pesar de ello, la mujer de Lot, al sentir el estruendo de la destrucción, volteó a mirar, y en ese mismo momento quedó convertida en estatua de sal (Gén. 19,26).

El episodio bíblico nos sirve para reafirmar la idea de que al escribir no es conveniente estar constantemente volviendo sobre lo ya escrito. Es comprensible que pienses que lo que has redactado antes quizás deba ser reformulado o que no es tan bueno como quisieras, y que antes de seguir avanzando sería más prudente corregir o volver a escribir lo que ya tienes. Es comprensible pero erróneo. La labor de corrección o reescritura la debes dejar para el final, cuando tengas la perspectiva completa de todo el trabajo, y no cuando apenas has comenzado. Esta es una nueva tentación, muy insidiosa, para hacer algo distinto a lo que debes hacer: escribir. Corregir es siempre más fácil que escribir desde cero.

Por eso, aunque pienses que lo anterior es un bodrio y que probablemente deberás borrarlo completamente, sigue adelante: ¡no mires atrás! Cuando llegues al final, podrás rectificar. Verás que lo que te parecía que estaba pésimo, no estaba tan mal después de todo, y que, en todo caso, ahora es mucho más sencillo ponerlo a la altura del resto de tu trabajo haciendo las correcciones que sean necesarias.

Sobre hombros de gigantes: citas, referencias y notas

Enanos que ven más

Como hemos dicho en la presentación, pensamos que es muy gráfica del trabajo académico la frase atribuida al filósofo medieval Bernardo de Chartes, *"nos esse quasi nanos, gigantium humeris insidentes"* (somos como enanos sobre hombros de gigantes). Isaac Newton, el padre de la física moderna, la asumirá en una de sus cartas a Robert Hooke (1676): "si he conseguido ver más lejos, es porque he subido a hombros de gigantes". Si entras al portal de google académico (*scholar google*), verás que el lema hace alusión justamente a esta misma idea: "A hombros de gigantes" (*Stand on the shoulders of giants*").

La metáfora revela una enorme verdad: la empresa del conocimiento es comunitaria a gran escala. Nadie puede trabajar solo y sin apoyarse en el trabajo de los demás, sobre todo de aquellos que nos han precedido.

Si progresamos, si podemos ahora descubrir algo nuevo, es en gran parte porque nos hemos ahorrado la enorme tarea que muchos otros han desarrollado por siglos antes que nosotros viniéramos al mundo. Hasta sus errores nos sirven, porque evitan que los repitamos. Ellos son los gigantes, nosotros los enanos: podemos ver más que ellos sí, pero porque estamos encaramados sobre sus hombros.

Esto tiene especial aplicación para aquellos que han escrito sobre el tema que estás enfrentando. Ya vimos que no solo necesitas las fuentes primarias, sino también las secundarias, que incluyen los escritos que otros como tú publicaron con anterioridad y que te ayudan para tratar de ver más allá.

Entenderás que es un mínimo deber de justicia y gratitud dejar constancia de los nombres y de las obras en las cuales tú te has "subido" para ver mejor el horizonte y escribir sobre tu tema.

Por qué citar

El reconocimiento expreso, a través de las citas, las referencias y de la mención en la bibliografía final, no solo obedece a la necesidad de reconocer el trabajo de los demás, sino también a la exigencia de ser rigurosos en la exposición de tu propio pensamiento acerca del tema que se te ha encargado. Si el lector desconoce de qué ideas o trabajos has partido, cuáles estás impugnando por parciales o erróneos, cuáles son los que consideras decisivos, será muy difícil que pueda apreciar y valorar tu propio aporte en lo que has escrito.

La cita (incluida su referencia) y la mención bibliográfica se imponen por justicia, gratitud, honestidad intelectual y rigurosidad científica.

Comprenderás, entonces, por qué los profesores se fijan tanto en algo que a los alumnos puede parecerles detalles menores y meramente formales: qué se citó, por qué no se citó tal obra, por qué no se la incluyó en la bibliografía, si las citas están mal hechas, si las referencias no tienen información suficiente, etc. Aunque las ideas que hayas expuesto en el trabajo sean geniales, si fallas en este aspecto es probable que te lleves una sorpresa desagradable en la evaluación.

Pero esto es sencillo de prevenir. Basta con que aprendas las reglas de citación, es decir, de cómo hacer citas y referencias, y que las apliques a tu trabajo.

Citas textuales y no textuales

Citar significa reproducir en el texto de tu trabajo una idea, aseveración o frase que pertenece a otra persona. Normalmente, se trata de conceptos que se encuentran en otros escritos publicados y que sirven de fuente para el tuyo.

La cita más rigurosa, porque refleja más íntegramente el pensamiento ajeno, es la cita textual, es decir, aquella que transcribe el párrafo seleccionado tal como aparece en el escrito que estás citando, con todas sus palabras y signos de puntuación. Para distinguir la cita textual de aquella que no lo es, es una regla fundamental e irrenunciable, colocar el texto reproducido entre comillas . Las comillas le dicen al lector que has dejado de hablar tú en el trabajo y que le has dado la palabra a otro autor cuya idea te sirve como apoyo o contrapunto. Si transcribes una frase de otra persona y no la entrecomillas, le estarás diciendo al lector que esa frase es de tu autoría, y habrás incurrido en un plagio (aunque sea sin intención y solo por ignorancia o descuido). De esto hablaremos más adelante.

La cita textual puede ser directa o indirecta. La directa es aquella que interrumpe el discurso de quien escribe y se indica colocando el signo de dos puntos antes de abrir las comillas iniciales del texto citado. La cita textual indirecta, en cambio, es aquella que se incorpora al discurso principal y que, por lo tanto, solo se diferencia de este por la apertura y cierre de comillas.

Unos ejemplos pueden serte de utilidad en este punto:

> Citas textuales directas:
>> Para elaborar un escrito universitario es muy necesaria la concentración; es lo que señala Guitton: "Todo trabajo obliga a una concentración de pensamiento sobre un solo punto".
>>
>> Para elaborar un escrito universitario es muy necesaria la concentración: "Todo trabajo obliga a una concentración de pensamiento sobre un solo punto", ha dicho Guitton.

Citas textuales indirectas:

Para elaborar un escrito universitario es muy necesaria la concentración, porque "todo trabajo obliga a una concentración de pensamiento sobre un solo punto" (Guitton).

Para elaborar un escrito universitario es muy necesaria la concentración. Ya ha dicho Guitton que "todo trabajo obliga a una concentración de pensamiento sobre un solo punto".

Por otra parte, las citas no textuales son aquellas en que se recogen las ideas ajenas pero se las formula con las propias palabras del que cita, conservando algunas del original pero añadiendo otras que son de quien alude al autor citado. Es una cita interpretativa o parafraseada.

Citas no textuales:

Para elaborar un escrito universitario es muy necesaria la concentración, porque, como ha dicho Guitton, la concentración de pensamiento sobre un solo punto es una condición obligada de todo trabajo.

Un trabajo obliga a concentrar el pensamiento en un solo punto, nos ha dicho Guitton, de modo que para elaborar un escrito universitario es muy necesaria la concentración.

Puedes preguntarte cuál cita conviene preferirse. No hay reglas absolutas en la materia, pero una sí es muy importante: no abusar de la cita textual. Probablemente al citar un libro estarás tentado a reproducir literalmente una gran cantidad de texto, porque piensas que es muy difícil decir lo mismo con otras palabras (el autor ya lo ha dicho muy bien) y también porque la comodidad nos induce a pensar que así nos evitaremos el esfuerzo de tener que redactar con nuestras propias palabras. Pero debes vencer esta inclinación. Si un trabajo está plagado de citas textuales interminables, el lector se preguntará por qué debe leer tu trabajo y no ir mejor al original.

Por eso, hay que restringir las citas textuales, en su número y en su extensión. En cuanto a esta última, puede darse como criterio general el que no excedan de cinco u ocho líneas. Si es necesario continuar transcribiendo porque se trata de un documento que es esencial para el trabajo, debe interrumpirse la cita textual, colocarse un párrafo de tu autoría o una cita no textual, y más adelante nuevamente colocar otra cita textual también medida en su extensión.

Otra cuestión que suele presentarse es la de la cita de cita: ¿puede citarse la opinión de un autor que encontramos citada en el libro de otro? La respuesta para la mayor parte de los casos es no. Si la cita es muy importante, entonces debemos buscar la obra original y citarla directamente, y no a través de otros, que pueden haberse equivocado. Si no es tan importante, lo mejor será omitirla. Solo en el excepcionalísimo caso de que se trate de una opinión muy relevante para tu trabajo y en que el original sea inaccesible sin desmesurados esfuerzos, podrás citarla, pero haciendo ver en la referencia que estás reproduciendo la idea de un autor según lo que sostiene otro (en la referencia deberás indicar "citado por...").

La referencia de la cita

Muchas veces se usa el vocablo cita para indicar no solo lo que acabamos de ver, es decir, la reproducción en el trabajo de un pensamiento o idea ajena, sino también para significar el conjunto de datos que sirven para dar cuenta de dónde se extrajo esa idea o pensamiento. Por razones didácticas, preferimos dar el nombre de "referencia" de cita a este último aspecto.

En el trabajo académico una cita no está completa si no se indica cuál es su referencia: es decir, los datos que permitirían al lector ubicar la obra citada, si quisiera hacerlo. Tú mismo al investigar para tu trabajo te aprovecharás mucho de esta convención académica: seguramente habrás visto que un libro o artículo que trata de tu tema cita a otro autor, y al ver la referencia tú mismo puedes ir a buscar el libro o artículo citado. Es una muestra no solo de rigurosidad del trabajo científico, sino de cortesía para tus colegas de investigación, cualesquiera que ellos sean en un futuro cercano o lejano.

Pero ahora debemos advertirte de un problema relativamente complejo, sobre todo para quienes se inician en estas faenas: no existe un único método de hacer referencias, de modo que hay una multiplicidad de cánones y reglas al respecto.

Donde más se ha avanzado en la estandarización de estas reglas es en el ámbito anglosajón, pero incluso aquí tampoco hay uniformidad completa en todas las disciplinas científicas. Así, en humanidades y arte tiene gran difusión el manual de estilo de la *Modern Language Association* (sistema MLA), aunque en Inglaterra se prefiere la guía de la *Modern Humanities Research Association* (sistema MHRA). En Historia y Economía se suele tener en cuenta el llamado *Chicago style*, compilado en *The Chicago Manual of Style* (CMOS), mientras en Derecho, reina el llamado Bluebook, manual compuesto por algunas revistas jurídicas de mayor prestigio en Estados Unidos (*Harvard Law Review, Columbia Law Review, University of Pennsylvania Law Review y Yale Law Journal*). Pero en Inglaterra las referencias legales se rigen por el *Oxford Standard for Citation of Legal Authorities* (OSCOLA).

Para otras ciencias sociales es muy difundido otro manual de estilo, el creado por la *American Psychological Association*, y que se conoce como el *APA style*.

Las ciencias empíricas o formales tienen también sus propios manuales estilísticos; en matemáticas se usa el *AMS style* creado por la *American Mathematical Society*. En Física, existe el *AIP style del American Institute of Physics*. *El Council of Science Editors* (CSE) ha recomendado otro modelo para la medicina y otras ciencias afines: el *Vancouver system*, que toma su nombre de la conferencia donde se acordó su creación en 1978. Este sistema ha sido recogido por el manual *Citing Medicine*, que se usa actualmente en la investigación biomédica.

A lo anterior deben sumarse las guías de referencias que ha desarrollado la Organización Internacional para la Estandarización (ISO). Hasta 2010, existían las normas 690 para documentos impresos y 690-2 para documentos digitales, que fueron adoptadas en Chile por el Instituto Nacional de Normalización (NCh 1143. Of. 1999; NCh 1143.2. Of. 2003). Pero en 2010 la ISO emitió una versión actualizada de la norma 690, que ahora incluye todo tipo de obras, impresas, electrónicas, cartográficas, musicales, fotográficas, etc.

Hay que advertir que en muchas disciplinas, sobre todo en aquellas no tan influenciadas por las investigaciones anglosajonas, las formas de hacer referencias no están compiladas en manuales o guías de estilo como las mencionadas, y son más bien tradiciones académicas que hay que observar siguiendo lo que hacen otros libros o publicaciones de autores anteriores. Es lo que sucede en las Ciencias Jurídicas, en la Filosofía, en la Historia, y en otras disciplinas humanísticas en países de Europa y América Latina.

Por si esto fuera poco, ten en cuenta que si quisieras publicar tu trabajo en una revista académica, tendrás que cumplir las reglas de referencias que fija el editor de la revista, y que también varían entre ellas.

En este escenario, lo más recomendable es preguntar a tu profesor cuál es el sistema de referencias que debe utilizarse en el trabajo que te ha encomendado (puedes consultar la web del Sistema de Bibliotecas de la P.U.C. que contiene una tabla en que puedes buscar el estilo que utiliza cada disciplina: http://guiastematicas.bibliotecas.uc.cl/tabladeestilo). En todo caso, debes tener en cuenta aquel sistema de citación que apliquen los libros o artículos más relevantes en el área científica en la que estás incursionando.

Para no extender en demasía este escrito omitimos las instrucciones de referencias de estos diversos sistemas y preferimos remitirte a algunos sitios web donde puedes encontrar los detalles. Ejemplos de aplicación de las normas de referencia puedes encontrar entre las guías temáticas especializadas que ofrece el Sistema de Bibliotecas de la P.U.C.: cfr. http://guiastematicas.bibliotecas.uc.cl/index.php. Algo similar puedes encontrar en el sitio web de la Biblioteca de la Universidad de los Andes, entre los llamados tutoriales: cfr. http://www.uandes.cl/tutoriales/tutoriales.html.

Por nuestra parte, te ofrecemos un ejercicio concreto de referencias y bibliografía a partir de un texto ficticio, en el que podrás apreciar las diferencias, a veces muy pequeñas, entre un sistema y otro: ver el Anexo I.

Hemos de señalarte que existen también programas especializados que facilitan esta tarea y convierten los datos que tú indiques en diferentes estilos de citación según lo que necesites. Se les llama gestores de referencia (por ejemplo, Refworks, Mendeley, EndNotes y Zotero). Pensamos, sin embargo, que no son necesarios para los estudiantes de pregrado y que están diseñados más bien para quienes se dedican profesionalmente a escribir y publicar trabajos científicos.

Los alumnos, en cambio, pueden utilizar el gestor propio de referencias que contienen las últimas versiones del procesador de textos Microsoft Office, aunque para manejarlo se necesita un cierto adiestramiento previo.

Obras ya citadas

El sistema de referencias tiene que resolver el problema que se da cuando una misma obra es citada más de una vez en un mismo trabajo. No parece lógico que cada vez que citemos esa obra tengamos que colocar todos los datos que la individualizan, porque eso hace perder tiempo al autor y al lector y produciría un texto sobrecargado de información repetida.

Para evitar esto, los sistemas utilizan diversas formas que impiden esta repetición. La más simple consiste en colocar la expresión ídem o ibídem, que quiere decir lo mismo o en el mismo lugar. Pero esto solo se usa cuando la misma obra se cita inmediatamente después de la cita anterior y no cuando haya citas de otras obras intercaladas.

Para hacer frente a estos últimos casos que son más frecuentes, los sistemas más tradicionales usan una forma de referencia abreviada: se vuelve a colocar el apellido del autor y la página o páginas que se está citando en ese punto específico, pero toda la otra información de la referencia (título de la obra, editorial, número de edición, lugar y año de edición) se reemplaza por la expresión "ob. cit." (obra citada). También se puede usar *"op. cit."* (que debe ir en letra cursiva/itálica, porque es una expresión en otro idioma: latín). Esto se aplica tanto a libros como artículos, ya que ambos textos son tipos de "obras".

Cuando se utilizan varias obras de un mismo autor, la expresión "ob. cit." se torna ambigua, porque no le dice al lector cuál de las distintas obras que se ya se han citado de un autor, está siendo objeto de la nueva referencia. En estos casos, conviene reemplazar el "ob." por el título abreviado de la obra, en cursiva si es un libro o entre comillas si es un artículo, poniendo puntos suspensivos para indicar que has acortado el título. Por ejemplo, si tienes que volver a referir la obra de Sierra Bravo, titulada *Tesis doctorales y trabajos de investigación científica*, podrás hacer la nueva referencia como: Sierra Bravo, R., *Tesis doctorales...* cit., p. 25. Si se trata de un artículo titulado "El cerebro humano. Instrumento de la mente", puede volver a referirse como "El cerebro humano..." cit., p. 12.

Algunos critican que el sistema del "ob. cit." obliga al lector a regresar a la primera vez que se citó la obra y para ello debe ir cita por cita hacia atrás hasta ubicarla. Esta dificultad puede subsanarse si se coloca una bibliografía por orden alfabético al final del trabajo. También se sugiere, y algunas revistas lo exigen, que cuando se haga uso de la expresión "ob. cit." se añada entre paréntesis el número de la nota de pie de página en la que la obra se citó por primera vez: (n. 48).

Con el fin de simplificar la forma de hacer referencias y repetirlas, ha surgido el *Harvard Style*, también denominado sistema *"author-date system*" (sistema autor-fecha), que ha sido adoptado por varios manuales de citación. El sistema se caracteriza por poner el énfasis, más que en el título de la obra, en la fecha o año de publicación de la misma. De esta forma, las referencias se hacen por el apellido del autor seguido del año de edición de su obra, más la página en la que se contiene la cita: Serrano, 2010: 53, donde Serrano es el apellido del autor; 2010, el año en que se publicó el libro o artículo, y 53 el número de la página que se cita. Si hay varias obras de Serrano se diferencian por el año; si Serrano publicó dos o más obras el 2010, se distinguen por letras: 2010a; 2010b, 2010c. La referencia puede ir en nota al pie o insertada entre paréntesis en el texto principal.

Todo esto hace que no haya problema en hacer una nueva referencia, porque siempre se repetirá apellido y año.

En este sistema, como comprenderás, la bibliografía final (listado de referencias) es esencial y obligatoria. Si no se coloca, el lector no puede saber qué obra se está citando cuando se coloca solo Serrano, 2010. En la bibliografía se mencionarán las obras por orden alfabético de apellido de autor y, antes de indicar el título y demás datos de individualización del libro o artículo, se colocará entre paréntesis el año de la obra. Así: Serrano, Luis (2010a), *El pasado y el porvenir*, Omega, 2ª edic., Madrid, 2010.

El sistema "autor-fecha" es bastante funcional a las ciencias empíricas, en las que la fecha de la obra que se cita tiene muchísima relevancia, ya que normalmente se refieren solo las obras más recientes que han hecho descubrimientos o aportes significativos. Además, las referencias suelen ser pocas.

No es tan práctico, en cambio, en las ciencias humanas donde se citan muchos textos y en un gran arco de tiempo. Para la filosofía, por ejemplo, Platón puede ser tan o más actual que el filósofo más moderno. Algo similar sucede en Derecho, donde la autoridad de los libros antiguos hace que se vuelva a ellos como fuentes de las actuales soluciones legislativas. Además, lo que interesa al lector no es tanto el año de edición de la obra, sino su título. Pero hemos de advertir que algunas revistas de estas disciplinas también se han dejado seducir por la simplicidad del sistema de Harvard, para así conseguir ingresar en los índices internacionales que acreditan la calidad e impacto científico de las publicaciones en serie.

Puedes ver un ejemplo de aplicación del sistema de Harvard en el Anexo I.

Notas

Las notas al pie que seguramente has visto en libros y artículos son un elemento fundamental en los estilos de escritura académica. Tienen por objetivo separar y distinguir del texto principal un fragmento de escritura que aporta una información útil pero accesoria respecto del discurso que se está exponiendo en el trabajo.

Una de las funciones de las notas es dar cabida a las referencias de las obras que se citan en el escrito. Pero no es su única virtud, también sirven para que el mismo autor del trabajo haga una aclaración o un comentario adicional que es mejor no intercalar en el texto principal para no interrumpir su continuidad. También se ocupan para introducir referencias internas: a otro capítulo o página del mismo trabajo, con la leyenda "ver capítulo II", "ver página 12". También se usan expresiones latinas como *vid. supra...* (ver más atrás) y *vid. infra...* (ver más adelante).

Las notas suelen ir numeradas con números arábigos, en un orden correlativo que se mantiene en todo el trabajo, o al menos en cada capítulo.

Las notas pueden ubicarse al final de todo el trabajo, al final de cada capítulo, o al pie de página. La elección del lugar depende del tipo de obra: si se trata, por ejemplo, de una novela histórica, probablemente se preferirá la nota al final de la obra, para que el lector no se sienta impelido a mirar las notas y perder el hilo de la narración principal.

En cambio, en la literatura científica y académica se recomienda la nota al pie de página. Normalmente, el lector de este tipo de trabajos desea ir contrastando inmediatamente lo que el autor dice en el texto principal con las referencias o comentarios que se hacen en las notas.

En un trabajo universitario de investigación las notas son importantes, pero no conviene abusar de ellas. Hay que tener en cuenta que siempre contienen información accesoria y secundaria, de apoyo al texto principal, y no pueden sustituirlo. Es anormal que una nota tenga un texto superior a la mitad de la página que se está escribiendo.

Gráficos, figuras e imágenes

En los trabajos propios de aquellas ciencias o disciplinas que llamamos empíricas suele necesitarse la representación de datos o hechos mediante gráficos, figuras o imágenes que ilustren de una manera visual lo que se quiere mostrar al lector.

Los gráficos son representaciones de datos numéricos mediante líneas, vectores, barras, círculos que permiten apreciar su evolución o correlación numérica o estadística. Los gráficos más conocidos son el lineal, que se compone de dos líneas, una horizontal y otra vertical que representan las dos variables a comparar (normalmente conocidas como "x" e "y") y cuya intersección es dibujada como una línea; el de columnas que representa las cantidades mediante barras verticales de colores que son más altas o más bajas según su composición; el de barras, que sólo se diferencia del de columnas en que las barras aparecen de modo horizontal; y el circular (o de torta) donde los diferentes números o su proporción en porcentajes se representan como trozos de una esfera de diferentes colores.

También la informática ha venido en ayuda para los investigadores y muchos programas (word, excel, power point) tienen herramientas para diseñar diversas formas de gráfico, mediante la inserción de las variables numéricas. Puedes ver algunos ejemplos sencillos en el Anexo IV.

Las figuras son dibujos que de manera abstracta representan alguna relación entre dos o más realidades. Así, por ejemplo, los flujos de mercaderías de una determinada empresa pueden ser representados mediante rectángulos que son conectados a través de dibujos con formas de flechas. Lo mismo puede aplicarse a la relación entre órganos del cuerpo humano o el movimiento de una determinada partícula atómica. Un ejemplo puedes encontrar también en el Anexo IV.

Finalmente, las imágenes son fotografías que se insertan en el trabajo escrito con el fin dejar constancia de algún hecho o permitir una mejor apreciación de la materia de la que se trata. Por ejemplo, un trabajo sobre un determinado experimento puede tener fotografías del color que va asumiendo una sustancia cuando se la pone en contacto con un elemento químico activo. Si el trabajo, en cambio, versa sobre la cultura kawéskar puede ser conveniente incluir imágenes de personas pertenecientes a esa etnia, así como de sus embarcaciones o instrumentos de trabajo.

Aquí debemos advertirte que sobre las fotografías existe también propiedad intelectual, de modo que no puedes incluir imágenes que pertenezcan a otra persona sin su autorización.

¿Es tan terrible el plagio?

Un secuestro de ideas

Originalmente el vocablo latino *plagiare* designaba una especie de delito que consistía en la apropiación de la libertad de un hombre. Y hasta el día de hoy el diccionario nos da como posible acepción de plagiar la de "secuestrar a alguien para obtener rescate por su libertad".

Del secuestro de personas se comenzó a utilizar la palabra para designar la acción de quien hacía pasar por suyas ideas o creaciones que eran de otro. Era una forma metafórica de secuestro, no del cuerpo de la persona, sino de parte de su intelecto. Esta aplicación por semejanza fue ganando terreno hasta que el verbo "plagiar" designa primeramente en el día de hoy esta forma de apropiación indebida de lo que pertenece a la inteligencia o la creatividad de otra persona.

La gravedad de la copia no autorizada de las obras ajenas se remarcó cuando, después de la revolución francesa, se estimó que existía una especie de propiedad sobre las obras intelectuales o artísticas. La propiedad intelectual (en el ámbito anglosajón, el *copyright*) es objeto de una violación cuando alguien no autorizado por el autor usurpa el derecho de este a la paternidad y a la explotación de la obra. Se dictan leyes y tratados internacionales para prevenir y reprimir el plagio, labor que continúa hasta hoy ante los diversos tipos de plagio industrial, comercial y cibernético.

Hay que tener en cuenta que la propiedad intelectual otorga dos tipos de derechos: el llamado derecho moral de autor y los derechos patrimoniales. El derecho moral consiste en que se reconozca la paternidad de la obra, mientras que los derechos patrimoniales son aquellos que permiten la explotación comercial de la obra, mediante su publicación, su representación, etc.

Los derechos patrimoniales pueden cederse y transmitirse a los herederos, y tienen también un plazo, tras el cual la obra pasa al dominio público. Pero el derecho moral es un atributo de la personalidad, que no puede cederse ni transmitirse y que es perpetuo. Así, por ejemplo, las obras de Tomás Moro son de dominio público, y cualquiera puede editarlas o representarlas sin pagar nada por ello. Pero no estaría permitido que se edite una de sus obras sin atribuirla a él, y peor que otro se atribuya su autoría. Esto sería plagio.

El derecho de cita

Si se aplicara estrictamente el derecho de autor, no podrías usar en tu trabajo ningún texto que pertenezca a otra persona sin que previamente esta lo haya autorizado. El autor podría demandarte por no respetar la propiedad intelectual al haber incluido dos líneas de un artículo suyo. Pero esto sería un exceso e iría contra ese diálogo comunitario que requiere la ciencia y la cultura.

Por eso las diferentes leyes que protegen la propiedad intelectual, establecen también el "derecho de cita", que consiste en la facultad de utilizar partes de obras ajenas para fines de investigación o de enseñanza, siempre que se deje constancia de la identidad del autor y de la fuente original de la que proceden.

En la ley chilena el derecho de cita está contemplado en los siguientes términos: "Es lícita la inclusión en una obra, sin remunerar ni obtener autorización del titular, de fragmentos breves de obra protegida, que haya sido lícitamente divulgada, y su inclusión se realice a título de cita o con fines de crítica, ilustración, enseñanza e investigación, siempre que se mencione su fuente, título y autor" (art. 71 B, Ley de Propiedad Intelectual N° 17.336).

Como verás, se trata solo de "fragmentos breves" y no de todo un trabajo o de partes que sean desproporcionadamente extensas, y siempre deberás indicar el autor, el título de la obra y la fuente donde se ubica.

Internet y la difusión del ciberplagio

Las nuevas tecnologías y la gigantesca masa de documentos de todo tipo que son accesibles a través de la red global de internet, han contribuido a una mayor difusión del plagio. Ya hemos visto todas las discusiones generadas por la descarga no autorizada de canciones, películas y otras formas de creaciones protegidas por el derecho de autor y las dificultades para establecer reglas que no terminen por menoscabar la libertad de expresión y de búsqueda que existe en la red de redes.

En los ámbitos académicos la preocupación es por la proliferación del llamado "ciberplagio", que seduce a muchos estudiantes escolares e incluso universitarios para transgredir las reglas de la propiedad intelectual y hacer pasar por suyos contenidos que han sido obtenidos descargándolos de alguna web o blog.

La facilidad con la que se pueden ubicar textos y trasladarlos a un documento que puede aparecer como un texto original, mediante las simples funciones informáticas de "copiar y pegar", lógicamente aumenta la tentación de incurrir en esta apropiación indebida, sobre todo cuando el alumno está alcanzado por el tiempo para presentar un trabajo.

Además, el hecho de que en internet muchas veces se colocan textos con la intención de que sean utilizados por quienes accedan a ellos, sin pagar por su uso ni pedir previa autorización (típico ejemplo: el rincón del vago), puede llevar a la errónea idea de que se pueden utilizar sin siquiera mencionar el autor y la fuente, y haciéndolos pasar como propios.

Se olvida que el derecho de cita tiene como condición fundamental el reconocer la autoría del texto citado y esto se aplica también a las obras digitales. Incluso respecto de documentos que aparecen sin autor, el alumno debe, si cree conveniente citar el trabajo (lo que sucederá muy raramente), dejar constancia de que el texto no es suyo y que tiene tal fuente aunque se ignora su autor (es anónimo).

Es cierto que internet y las tecnologías asociadas han hecho más sencillo el plagio de trabajos escolares y universitarios, pero los que estén tentados a dejarse llevar por esta facilidad, deben pensar que la misma tecnología también ha permitido avanzar en la detección de estas faltas académicas por parte de los profesores. Son muchos los ciberplagios que se descubren por la aplicación de programas especializados o sencillamente con el uso de los motores de búsqueda, como Google.

Gravedad del plagio académico

El alumno, sobre todo cuando se encuentra angustiado porque no logra hacer un trabajo original o cumplir con los plazos exigidos, tiende a pensar que copiar total o parcialmente un trabajo ajeno puede ser una astucia, una pillería, pero no mucho más que eso.

La verdad es muy distinta. Difícilmente puede concebirse una falta más grave a la cultura e identidad universitaria que la de plagiar en un trabajo académico.

Podemos darte razones de carácter normativo. Así podemos decirte que el plagio está sancionado incluso con penas de multas y privativas de libertad, además de la indemnización de perjuicios al autor perjudicado (arts. 78 y ss. de la Ley de Propiedad Intelectual).

En todas las universidades está, además, especialmente sancionado como una grave falta disciplinaria, la que se añade a la calificación de 1,0 en el trabajo plagiado. La nota solo refleja que el alumno no presentó un trabajo propio (no cumplió con la exigencia académica), y por ello merece la calificación mínima. Pero otra cosa es la falta a la honestidad y el rigor intelectual que implica su conducta, que debe ser sancionada de manera independiente.

En el Reglamento sobre la Responsabilidad Académica y Disciplinaria de los Miembros de la Comunidad Universitaria de la P.U.C.

se dispone que es una falta académica: "Plagiar u ocultar el origen de la información, en investigaciones y trabajos en general" (art. 10). Algo similar se prevé en reglamentos de otras universidades.

Estas faltas pueden llegar a sancionarse con la máxima medida disciplinaria: la expulsión del alumno de la universidad. A nuestro juicio, frente a un plagio de un trabajo, y sobre todo de una tesis o tesina, esta drástica medida es severa pero justa. Es lógico presumir que jóvenes (ya adultos y responsables de sus actos), que no trepidan en recurrir a la deshonestidad de apropiarse de ideas ajenas para conseguir aprobar un trabajo escrito, si llegan a ser profesionales ocuparán esa misma falta de escrúpulos para engañar y defraudar a los que debieran servir. Toda universidad que se precie de tal, tiene la responsabilidad de que ese tipo de personas no llegue a ejercer una profesión, o que al menos no lo haga exhibiendo un título que lleva su nombre.

Pero estas razones normativas son más bien una manifestación y no la razón de la gravedad del plagio. ¿Por qué el plagio es tan grave que merece tales sanciones?

En primer lugar, hay que señalar que la conducta de plagiar constituye una trasgresión a virtudes humanas fundamentales, como la veracidad, la sinceridad y la justicia. Es un fraude de múltiples repercusiones. El que plagia falta a la verdad, es deshonesto e insincero al pretender pasar por suyas ideas que no son propias y aparentar más de lo que se es. Es injusto en una triple dimensión: comete injusticia con el autor de la obra copiada (se le priva del derecho a ser reconocido como el creador de la idea), comete injusticia con sus compañeros, que se han esforzado por tratar de cumplir con las exigencias de un trabajo que revele sus propias ideas, y, finalmente, es injusto con el profesor y la institución universitaria, ya que intenta engañar para que se le evalúe de un modo que no corresponde a sus méritos reales.

No menos importante es el autoengaño en que incurre el que plagia, ya que no ha adquirido las habilidades y destrezas que se intentaba que aprendiera a través de forzar su intelecto para crear una obra original.

Puede aprobar el trabajo, e incluso el curso, pero no habrá logrado el aprendizaje que se esperaba del proceso.

Por si fuera poco, el plagio infringe la ética específica de la actividad científica y académica, que se basa en la honestidad de las fuentes que se utilizan. Plagiar es tan grave como falsificar los datos de un experimento para justificar un descubrimiento que no es tal o apropiarse de los datos de un experimento ajeno.

Por eso es que el plagio es una conducta fuertemente repudiada en el ámbito de las publicaciones científicas y pueden llevar a drásticas sanciones. A fines de 2011 se descubrió que el Ministro de Defensa alemán Karl Theodor zu Guttenberg, había reproducido en su tesis doctoral, sin advertir la fuente, una obra ajena. Tras una investigación, la Universidad de Bayreuth lo sancionó con la nulidad del título de doctor. Por cierto, el Ministro tuvo que renunciar a su puesto y abandonar su auspiciosa carrera política.

Finalmente, a las razones fundadas en las virtudes humanas que debiera tener cualquier persona honesta, en las reglas y principios de la ética académica y científica, hemos de tener en cuenta la traición a la misión universitaria que supone el plagio de trabajos escritos. La universidad es una comunidad de profesores y alumnos que, en relaciones de recíproca confianza, intentan cultivar la multiplicidad de saberes y disciplinas de la ciencia y la cultura.

Esta relación supone que tanto profesores como alumnos se esfuerzan por estimular la reflexión y el pensamiento propio y original. Cuando cualquiera de ellos, profesor o alumno, incurre en plagio renuncia a la labor propiamente universitaria, con el agravante de que con ello engaña a sus colegas o compañeros y a toda la institución.

Formas de plagio académico

Hay muchas formas de plagio académico y no parece posible describir todas sus múltiples modalidades. Pero conviene mencionar algunas, sobre todo para aclarar que se trata de prácticas reprochables, aunque puedan parecer inocentes o no tan graves.

El plagio académico existe aunque el autor del texto original consienta en que uses su obra para hacer tu trabajo. Son plagiados los trabajos que los alumnos encargan a otras personas que por un pago en dinero están dispuestos a realizarlos para que los estudiantes los presenten como propios. El derecho moral de autor es irrenunciable, y si un alumno presenta como propio un trabajo ajeno, aunque haya pagado para que se lo hagan especialmente, está incurriendo en plagio y en un fraude académico.

Indudablemente, si se presenta como propio un trabajo que está extraído completamente de una obra ajena, sea publicada o inédita, hay un plagio. En este sentido, debe aclararse que hay plagio si un alumno copia y presenta como propio lo que es un trabajo presentado por otro alumno en otra universidad, o en la misma pero en otro curso o en otro año.

También hay plagio aunque el trabajo conste de partes originales y otras tomadas de obras ajenas. La parte copiada contamina todo el resto del trabajo.

El plagio puede consistir en copiar textualmente lo escrito por otra persona, lo que se evidencia porque el texto copiado no aparece entre comillas ni se indica su fuente. También es una forma de plagio, más disimulado, el parafraseo de textos ajenos cambiando algunas palabras o locuciones incidentales, pero manteniendo la sustancia de la idea copiada.

Incurriría en plagio, por ejemplo, el alumno que teniendo el texto de Paul Johnson, *Héroes* (trad. Gloria Fortún, Ediciones B, Barcelona, 2009, p. 115): "La reina Isabel I fue una heroína bastante distinta a María Estuardo: no fue una heroína del romance ni de la tragedia, sino de los logros reales y de un gobierno exitoso"; lo vierte en su trabajo, sin indicar la fuente, como "Isabel I, la reina, fue una heroína diferente a María Estuardo, ya que no fue una heroína del amor ni del drama, pero sí de los éxitos y logros del gobierno". La reproducción no es exacta ni literal, pero las ideas expresadas son las mismas que las de Johnson y, por tanto, si no se indica que él es su autor mediante la cita correspondiente, habrá plagio.

Hay que aclarar que también puede haber plagio si el escritor se apropia no de la idea ajena sino de la forma de redacción o expresión de la misma. Se presenta esta forma de plagio cuando en un trabajo al expresarse la idea se trascribe textualmente el párrafo extraído de la obra ajena, y al final se coloca una nota con indicación de que la idea proviene de una fuente ajena, pero no se coloca lo copiado textualmente entre comillas. Cuando algunos alumnos han sido sorprendidos en este tipo de prácticas, suelen excusarse en que se indicó la fuente y no habría apropiación de una idea ajena. Limitadamente pueden tener razón; pero cuando hablamos de idea ajena no nos referimos solo a la reflexión intelectual sino también a la forma literaria o redaccional que ella ha adoptado en el texto del autor original. Por eso, al no poner la frase entre comillas, el autor está engañando al lector, no respecto del fondo de la idea, pero sí respecto de la manera en la que fue expresada.

Siguiendo el ejemplo anterior, si alguien que está haciendo un trabajo de comparación entre las reinas de Inglaterra y Escocia, sencillamente estampara: *La reina Isabel I fue una heroína bastante distinta a María Estuardo: no fue una heroína del romance ni de la tragedia, sino de los logros reales y de un gobierno exitoso*, y pusiera una nota indicando que la idea está tomada de Paul Johnson dando todos los datos de la obra y página, pero no pusiera comillas al inicio y al final de la frase, se estaría apropiando indebidamente de la forma de expresar la idea que es propia del historiador y cronista británico.

El autoplagio

Una forma de plagio que a primera vista puede parecer insólita es la del autoplagio. Podrías pensar que no es concebible porque nadie se copia a sí mismo; o más bien que uno es dueño de sus ideas y escritos y tiene todo el derecho a repetirlas si así lo quiere. De nuevo el problema está en cómo se presenta. Comprenderás que si un profesor, para engrosar el número de sus artículos publicados y buscar un ascenso en la carrera académica, publica varias veces el mismo texto en distintas revistas y con distintos títulos, estaría cometiendo un fraude. Esto es lo que en los ambientes académicos se denomina "autoplagio" y está fuertemente censurado como contrario a la ética y a las buenas prácticas científicas.

Los alumnos no están exentos de incurrir también en la tentación de autoplagiarse. Sucede cuando alguien debe presentar un trabajo y está muy urgido con los plazos, recuerda que para una asignatura distinta hizo un trabajo sobre un tema similar. Sin pensarlo dos veces, lo reutiliza (sobre todo si lo tiene archivado en su computador) y lo convierte en el nuevo trabajo.

Pero, preguntarás: ¿entonces uno no puede aprovechar lo que ya ha hecho y ha pensado con anterioridad? Sí, claro que sí. Pero para ello no es necesario faltar a la verdad y engañar a los lectores o al profesor. Sencillamente en tu nuevo trabajo citarás el que redactaste antes, e indicarás qué viene del anterior y así quedará de manifiesto aquello que es lo nuevo. En el fondo, debes citar tu anterior trabajo como fuente del nuevo.

Algún escrupuloso dirá que no parece decoroso citar las propias obras y que esto es una forma de presunción o vanidad (vicios que también son peligrosos en el ambiente universitario). Eso dependerá de cómo se usa la "autocita": si tiene por fin ponderar los propios escritos anteriores que en realidad no tienen ninguna utilidad para desarrollar el nuevo trabajo, entonces la acusación será certera. Pero no lo será si efectivamente la cita es necesaria para que se comprenda el nuevo trabajo o para remitir a cuestiones que ya han sido estudiadas y que no se desea reproducir de nuevo inútilmente.

Para dirimir la cuestión de conciencia, bastará con preguntarse: si se tratara de un trabajo ajeno, ¿lo citaría? Si la respuesta es afirmativa, debes hacer la cita de tu trabajo anterior. En caso contrario, prescindirás de la cita, pero también de los textos e ideas de ese trabajo, que en nada sirven para desarrollar el nuevo.

Plagio e intención: "fue sin querer queriendo"

Quienes hayan visto la serie de televisión "El Chavo del Ocho" (aunque es antigua, la siguen repitiendo) recordarán una de las frases que el Chavo repetía cuando lo castigaban por haber hecho una travesura. Su disculpa clásica era "fue sin querer queriendo".

Muchos alumnos cuyos trabajos han incurrido total o parcialmente en un plagio, al ser llamados a dar una explicación, aducen algo parecido: jamás quisieron faltar a la verdad, engañar al profesor o cometer un fraude, ni menos un delito. No tuvieron la intención y lo que pasó es que se les olvidó poner algunas comillas o no indicaron el libro o el texto de internet en la bibliografía por el apuro en la redacción, etc.

Tratándose de alumnos universitarios estas excusas son normalmente inverosímiles. En el mejor de los casos revelan siempre un descuido grave e inexcusable. Podría concedérseles que hicieron plagio no intencional (sin querer), pero gravemente culpable (queriendo ser irresponsables en las formas académicas y en la manera de entregar un trabajo bien elaborado).

Te aconsejamos, en consecuencia, no ampararte en el descuido o la ignorancia para tratar de no responder de los plagios en los que incurras. El no poner unas comillas a una cita textual, el no indicar una fuente bibliográfica que has parafraseado, no te hará menos responsable en cuanto a la reprochabilidad de la conducta académica. Los abogados dicen que la culpa grave se equipara al dolo. En casos como estos tendremos que concederles que llevan razón.

Honradez intelectual

Todo lo anterior, siendo válido, no debiera ser la razón por la que te esfuerces por evitar el plagio. El temor al castigo, si bien suficiente para efectos del cumplimiento de las normas, no es un motivo digno de una persona noble ni de un profesional responsable.

Lo que debe impulsarte, más que evitar el plagio, es la necesidad de cultivar una virtud indispensable en el mundo académico y en general en la vida: la honradez. El honrado no se contenta simplemente con no defraudar, sino que trata de siempre ser transparente y consecuente con la verdad.

La universidad es un ámbito en el cual la honradez intelectual tiene una relevancia fundamental, porque los esfuerzos por incrementar el conocimiento serían infructuosos si cualquiera de los miembros de la comunidad académica tuviera que verificar que el autor de un determinado trabajo ha sido honesto con sus datos y con sus fuentes. Toda esta inmensa empresa colectiva toma su base en la asunción de que los que trabajan en el mundo académico tienen realmente aprecio por la verdad y son gente de fiar. Pueden equivocarse, pero si es así lo hacen de buena fe y rectificarán en un trabajo posterior.

El ex Presidente del Uruguay José (Pepe) Mujica decía que "el primer requisito en la política es la honradez intelectual. Si no existe honradez intelectual, todo lo demás es inútil". Nos parece que la cita podría usarse también para la universidad: "El primer requisito en el trabajo académico es la honradez intelectual. Si no existe honradez intelectual, todo lo demás es inútil".

Para finalizar: revisión, impresión y encuadernación

Revisar y corregir

Un error que suelen cometer los que están iniciándose en la escritura académica, y entre ellos los alumnos universitarios, es pensar que una vez que han terminado de escribir en el computador, el trabajo ya está listo y solo queda imprimirlo y encuadernarlo.

Sentimos decirte que la cosa no es tan fácil. Una parte importante de escribir un trabajo consiste en revisar, corregir y reescribir. Solo algunas personas muy dotadas o con mucha experiencia escriben "en limpio", a la primera. La inmensa mayoría de nosotros necesitamos revisar el texto, y no solo una sino varias veces.

Como te sugerimos al principio, no te debes confiar en los correctores ortográficos de los programas computacionales. Ayudan, por cierto, pero no son la panacea. Solo detectan las palabras con erratas manifiestas, pero son incapaces de distinguir si una palabra está bien usada o no según el contexto: por ejemplo, si se dice que alguien "a opinado tal cosa", el corrector no advertirá que la "a" en este caso debe ir con hache (ha) porque es una conjugación del verbo haber y no una preposición. Tampoco te señalará las faltas de concordancia entre el sujeto y el predicado, ni si la frase está poco clara, etc.

En suma, conviene aplicar el corrector automático para depurar las erratas y faltas de ortografía más notorias, pero ello será solo la primera parte del proceso.

Enseguida, será útil leer el texto en la pantalla para ir cambiando inmediatamente lo que está mal escrito o poco claro. Te recomendamos que te fijes en si una determinada palabra o expresión ("por otro lado"; "de manera que", "por lo que") está repetida excesivamente y sin necesidad. Al identificar un vocablo o expresión reiterativa, puedes usar la función de "buscar". Es conveniente tener a la mano un diccionario de sinónimos, ya sea digital o en formato papel. También puedes usar la herramienta del procesador de textos word, por la cual si posas el cursor sobre la palabra y pulsas el botón derecho del ratón (mouse), se desplegará un menú de opciones, entre las cuales está "sinónimos". Si pinchas en ella te aparecerán sugerencias de palabras con un significado semejante.

Pero esto tampoco será suficiente, y muchos alumnos cometen la equivocación de pensar que con esto basta. No. Es absolutamente indispensable que imprimas el texto que has escrito y lo revises tal como queda en el papel. Debes dejarte un tiempo tranquilo, de alta concentración, en un escritorio y con un lápiz rojo en la mano. Una lectura pausada, casi en voz alta, te ayudará a detectar las deficiencias que hasta ahora habían pasado inadvertidas. Pero no interrumpas la lectura para ir a corregirlas inmediatamente en el computador. Haz las enmiendas con lápiz rojo sobre el texto impreso, y luego al margen pon una "X" u otra señal, que te sirva para después visualizar fácilmente donde hay errores que enmendar.

Una vez hecho esto, puedes volver al texto computacional e introducir todos los cambios y correcciones que has apuntado en el papel.

Puedes repetir este proceso hasta que estés seguro de que el trabajo está impecable. Esto, claro, dependerá del tiempo de que dispongas.

Muy recomendable es pedirle a alguien que lea el trabajo que has escrito. Las erratas o deficiencias de redacción tienen la rara capacidad de volverse invisibles a los ojos del autor, que muchas veces no lee lo que está en el texto sino lo que él pensó que puso en el texto.

Una vez terminada la revisión, y teniendo el texto definitivo: con introducción, cuerpo y conclusiones (dependiendo del género de trabajo), debes preocuparte de la compaginación. Es necesario ver que no queden títulos sueltos al final de una página (se ven mal). En ese caso, en vez de bajarlos, es mejor dar la instrucción al procesador de texto de que haga un salto de página (Ctrl+Enter). Hecho esto, puede darse la instrucción de numerar las páginas (recomendamos poner el número de página en el margen superior o inferior derecho porque en ese lugar es más visible para el lector).

Índice y bibliografía

Teniendo listo el texto y su compaginación definitiva debes definir el índice y ahora colocar la página que corresponde a cada epígrafe. Basta que coloques el número seguido de una línea de puntos, y no es necesario colocar la leyenda "páginas" o la abreviatura "p.".

Te recomendamos utilizar la función "tablas de contenido" del procesador de texto que te permite construir automáticamente el índice con indicación de las páginas en la que está cada título. Para ello previamente habrás debido marcar cada título con un estilo específico: título, título 1, título 2, título 3.

Aunque no hay unanimidad de pareceres, recomendamos que, salvo instrucción en contrario del profesor, ubiques el índice al inicio del trabajo, justo después de la portada y no al final, como algunos prefieren. Ayuda más al lector el encontrarse rápidamente con la estructura del trabajo que le estás ofreciendo.

Después de las conclusiones o del fin del trabajo, debe colocarse el listado de obras que te han servido para redactar el escrito, bajo el título, sin numerar, de "Bibliografía". Lo normal es que esas obras sean las que has citado o al menos referido como fuente en algún pasaje del texto. Si nunca las has citado, muchas veces será porque, aunque las hayas tenido a la vista o leído, en verdad no te aportaron nada para redactar tu trabajo, y si es así no debes incorporarlas en la bibliografía, por el puro afán de exhibir un elenco bibliográfico más nutrido.

Las obras que figuren en la bibliografía deben ir ordenadas por estricto orden alfabético de la primera letra del apellido del autor. Si una obra no tiene autor, entonces se le incluye por la letra con la que comienza su título. Para hacer este orden puedes utilizar la función "ordenar" que tienen los procesadores de texto. Lo habitual es que todas las obras se contengan en la bibliografía sin hacer distinciones sobre su clase. Pero a veces se hacen dos listas, una para las fuentes primarias (y se habla de Fuentes) y otra para las fuentes secundarias (a la que se da el título de Literatura o Material bibliográfico).

En la bibliografía no se colocan las revistas científicas consultadas ni las bases de datos de las cuales obtuviste los artículos que se citan en el texto. Estas solo deben ir cuando se menciona la obra citada y se da la indicación de su inclusión en tal o cual revista o que está disponible en tal o cual base de datos.

Portada y otras piezas del escrito

La portada del trabajo es importante porque será la cara con la que se presentará al lector, y primeramente al profesor que lo corregirá y lo evaluará. Como siempre, si el profesor o la carrera han dado instrucciones específicas de cómo debe hacerse esta primera página, habrás de seguirlas con todo cuidado.

Si no se ha dicho nada y se ha dejado este punto a la discreción de los alumnos, entonces puedes considerar los siguientes consejos.

Una portada de un trabajo debiera tener, al menos, los siguientes datos informativos: la unidad académica (Facultad, Instituto, Escuela) y la Universidad en la que se realiza el trabajo y en su caso la asignatura; el título del trabajo, el nombre del alumno o los alumnos que lo han realizado, el nombre del profesor que ha encargado la actividad, la ciudad y la fecha en que se redactó.

El orden que nos parece recomendable es el siguiente: 1°) Universidad y Facultad, Escuela o Instituto (con texto alineado a la izquierda, y si es posible colocando el escudo o logotipo pertinente); 2°) El título del trabajo (centrado y con letra de mayor tamaño: 16 ó 18); 3°) El nombre completo del o de los autores (también centrado aunque con letra en tamaño inferior al del título); 4°) Leyenda que especifique la naturaleza del trabajo, asignatura en la que se presenta y nombre del profesor; 5°) Ciudad y año: texto centrado, y si se trata de Santiago conviene añadir de Chile (hay varias ciudades con el mismo nombre).

Para mayor claridad, incluimos un modelo en el Anexo VI.

Después de la portada y antes del índice pueden ir algunas hojas que cumplen diversas funciones. No son estrictamente necesarias, por lo que dependerá del tipo de trabajo que estés haciendo si las necesitarás o no.

Una hoja que puede ser conveniente es la de "Abreviaturas utilizadas". Va con este título centrado y sin numeración de índice. Aquí se coloca una lista las abreviaturas que se utilizan con frecuencia en el trabajo y su significado. Esta página solo es necesaria cuando ocupes en tu trabajo abreviaturas que no son de uso común, de modo que un lector lego no estará familiarizado con ellas y si no las adviertes podría confundirse o no entender. Por ejemplo, si para evitar tener que repetir cada vez el título de una organización internacional poco conocida, se inventa una sigla o abreviatura.

Te prevenimos, sí, que es un error incluir en este listado de abreviaturas aquellas que son de uso común y que cualquier persona de mediana cultura conoce: por ejemplo, etc. por etcétera, cfr. por comparar o ver (del latín *conferre*), ibíd. por ibídem (en el mismo lugar), art. por artículo, N° por número, EE.UU. por Estados Unidos de América, y así. Si incorporas este tipo de abreviaturas a esta hoja no solo estarás perdiendo el tiempo sino además tratando de ignorantes a tus lectores (incluido tu profesor).

Aparte de la hoja para indicar las abreviaturas, en ocasiones puede ser útil insertar una hoja con el título (que tampoco se menciona en el índice) de "Advertencias". Se usa esta hoja para efectuar alguna prevención que sea necesaria al lector del trabajo sobre alguna cuestión importante. Por ejemplo, que respecto de un autor que se está estudiando no pudieron consultarse algunas obras por falta de acceso, o que se consultaron pero solo traducciones y no los originales.

Aunque a veces se usan, no recomendamos colocar hojas de agradecimientos, dedicatorias o epígrafes (frases tomadas de algún autor famoso que enmarcan el tema del escrito). Los agradecimientos bien pueden ir al final de la introducción, y siempre con sobriedad y sin efusiones afectivas que desdigan de la seriedad y rigor del trabajo académico. Las dedicatorias pueden esperar para cuando el trabajo se publique, y aún así habrá que pensar dos veces antes de incluirlas. Los epígrafes, si no son acertados y originales, pueden llevar al autor a ser reprochado por cursilería, presunción o pedantería.

A veces se necesita añadir al trabajo la transcripción de un documento, especialmente relevante, unas tablas o gráficos con estadísticas, algunos dibujos o mapas, a los que el autor se ha referido en el texto pero sin incluirlos en él. Todo este material puede ser incorporado al final del trabajo, después de las conclusiones, pero antes de la bibliografía, mediante el uso de "Anexos". Si son varios pueden anotarse con números romanos: Anexo I, Anexo II. Debe añadirse un título explicativo a cada uno: por ejemplo, Anexo I: Texto íntegro del Tratado Antártico. Estos anexos deberán ir en páginas numeradas y tendrán su indicación en el índice.

Impresión

Terminado el trabajo hay que imprimirlo, salvo que el profesor haya dado la instrucción de que se le envíe solo en formato electrónico.

Recomendamos imprimir el trabajo en el formato de "Carta USA", que es el que más se utiliza en nuestro país. Hay que cuidar los márgenes, dejando siempre un poco más de espacio al lado izquierdo que al derecho y más al superior que al inferior. Posibles medidas pueden ser las siguientes: margen superior: 3 cm.; margen inferior: 2 cm; margen izquierdo: 3,5 cm.; margen derecho: 2,5 cm.

Si has seguido nuestro consejo de planificar y terminar uno o dos días antes de la entrega, ahora puedes dedicar tiempo a que la impresión sea lo más perfecta posible. Podrás lidiar con las "mañas" de las impresoras que no siempre hacen lo que nosotros queremos. Te recomendamos sacar una impresión en papel de borrador para ver cómo queda (puedes emplear papel que se haya desechado de otro trabajo pero en la cara no impresa). Esto te permitirá ver que hay errores, que no sale bien un gráfico o una tabla, que se corta una página donde no debía cortarse, que hay un título que queda suelto al final de una página, etc.

Corregidos estos defectos, podrás hacer la impresión en limpio de los ejemplares que te hayan solicitado. Al menos deben ser dos: uno para el profesor y otro para ti que te sirva de respaldo.

Los lectores agradecen que un texto venga con páginas impresas en el anverso y en el reverso (por las dos caras). Esto no es muy difícil de hacer con la ayuda del computador. Tienes que darle la instrucción de que imprima así, sobre todo porque variarán los márgenes y la ubicación del número de página, en las hojas pares e impares. También hay que cuidar que las partes importantes del trabajo no queden en páginas con número par, porque se ven mal. Si la impresora no tiene incorporada esta función, después de la impresión por un solo lado, será necesario sacar fotocopias para que las páginas par e impar queden en anverso y reverso de cada hoja.

Encuadernación

Con la única excepción de que el profesor haya pedido que se le envíen los trabajos solo por vía electrónica, será necesario que hagas una encuadernación de tu trabajo, antes de presentarlo.

Nuevamente los alumnos suelen prestar poca atención a esta tarea, porque no le conceden la importancia que tiene. Apresurados o con poco tino, presentan un trabajo de 20 páginas, apenas unidas por un clip o con un corchete mal grapado, que ante cualquier movimiento se desarma.

No se trata, por cierto, de que los alumnos vayan a una imprenta o local especializado para empastes para que presenten el trabajo con tapas duras, letras doradas y empastado. Esto será exigible para las tesis de licenciatura, magíster o doctorado, pero no para la inmensa mayoría de los trabajos universitarios que son de alcance menor.

Pero hay alternativas intermedias, que son más formales y no tan costosas. La primera es la de colocar el trabajo en una carpeta bien presentada, unidas las páginas por un *acoclip*. Idealmente debe tratarse de una carpeta de tapas transparentes para que dejen ver la portada del trabajo y así sea fácil de identificar para el profesor.

Una segunda alternativa es la de anillar el trabajo con tapas de mica transparente (las de color son demasiados llamativas para un trabajo académico).

En nuestra opinión, la segunda alternativa es mejor que la primera porque hace más sencilla la lectura y la evaluación del trabajo. Además, no es agradable para el profesor que se le presenten trabajos que van en carpetas de todos los colores y de todos los tamaños. En cambio, los anillados son todos del mismo porte de las páginas (y estas debieran ser tamaño carta).

Presentado el trabajo, si has seguido estos consejos, con bastante seguridad podrás esperar no solo una buena calificación, sino (lo que es más importante aún) haber adquirido las habilidades y conocimientos que se esperaba que desarrollaras mediante esta insustituible actividad universitaria.

Anexo i: ejemplos de citas, referencias y notas según diversos sistemas

Modelo de texto de referencia

Cuando se trata de enseñar a escribir trabajos en el ámbito académico, todos los autores coinciden en una idea fundamental: se trata de una tarea cuyo resultado puede ser muy gratificante, pero es un trabajo duro, que requiere esfuerzo, disciplina y la formación de hábitos de conducta, que solo se adquieren con la constancia y la paciente repetición. A los que comienzan, no hay que esconderles esta realidad: "Si tú encuentras que escribir es duro, es porque lo es", dice Zinsser[1].

Los que se inician, en consecuencia, no deben asustarse si tienen dificultades para sentarse delante del computador y escribir el ensayo, trabajo o comentario que se les ha pedido. Con gran realismo, Warburton señala que si uno tiene un ensayo que escribir, es impresionante lo fácil que es encontrar otras cosas para hacer[2].

Otra de las excusas frecuentes es la de que no se encuentra el tiempo suficiente para escribir. En realidad nadie encuentra tiempo si no destina, dentro de todas sus actividades, un espacio para una determinada cosa, es decir, si no asigna un tiempo del día o de la semana a escribir. Más que el número de horas o de días, para lograr el hábito, lo importante es la regularidad[3] y la planificación[4].

Hay que convencerse de que la elaboración de un escrito que da cuenta de la investigación desarrollada es una "parte constitutiva e importante del trabajo científico en sí"[5] y que lo peor que puede suceder es que los investigadores se dejen llevar por la idea de dejar para mañana lo que pueden hacer hoy[6]. Internet, con sus muchas fuentes de información, puede constituir una excusa para no escribir[7].

Otro consejo para ayudar a las musas de la inspiración es hacer cuanto antes un índice provisional del trabajo. Se puede extender a todas las disciplinas, lo que López dice sobre la investigación jurídica, en el sentido de que constituirá el plan de trabajo y que "tendrá, por tanto, que ser definido lo antes posible"[8].

Una cuestión importante, sobre todo si se trata de un trabajo de investigación, es tener en cuenta las formas de citas, notas, referencias y otras exigencias que se ocupan en la respectiva disciplina. Por ejemplo, tratándose de las ciencias biomédicas el Comité Internacional de Directores de Revistas Médicas (que tiene su origen en la conferencia de Vancouver en 1978) recomienda incluso una estructura uniforme para cada artículo, la llamada IMRYD: Introducción, Método, Resultados y Discusión[9]. Estas exigencias no son caprichosas y "tienen por objetivo proporcionar una comprensión clara y completa de lo que se busca transmitir"[10]. Además, el uso apropiado y sistemático de las normas sobre citas y referencias ayuda a no incurrir en el temido plagio, dado que es muy común que una de sus formas se produzca por falta de cuidado en esta tarea[11].

Estilo tradicional (Humanidades)

Referencias

[1] Zinsser, William, *On Writing Well. The Clasic Guide to Writing Nonfiction*, HarperPerennial, 6ª ed., New York, 1998, p. 12.

[2] Warburton, Nigel, *The basics of essay writing*, Routledge, New York, 2006, p. 15. Agrega que el bloqueo total o la absoluta incapacidad para escribir son muy raros: "Pero la

urgencia para hacer algo distinto que escribir cada vez que tengas que hacer un escrito, es extremadamente común" (*idem*).

[3] Cfr. SILVIA, Paul J., *How to Write a Lot. A Practical Guide to Productive Academic Writting*, American Physological Association, Washington, 2007, pp. 11-18.

[4] Según la autora italiana, SERAFINI, María Teresa, *Cómo redactar un tema. Didáctica de la escritura*, trad. Rosa Premat, Paidós, Barcelona, 1989, p. 29, "La fase de planificación es generalmente poco conocida y poco utilizada por los estudiantes, que algunas veces comienzan a escribir apenas reciben el título de la redacción, o esperan, de modo aparentemente inactivo, que llegue la inspiración [...] La espera de la inspiración, cuando no está asociada a un razonamiento activo sobre el trabajo, se resuelve solamente en una pérdida de tiempo". En el mismo sentido, rechaza que la búsqueda de inspiración sea una buena estrategia para escribir: SILVIA, P., ob. cit., p. 23.

[5] SABINO, Carlos, *El proceso de investigación*, Editorial Lumen/Humanitas, 3ª edic., Buenos Aires, 1996, p. 210.

[6] SILVIA, Paul J., *"Procrastination: On Writing Tomorrow What You Should Have Written Last Year"*, en *APA Style Blog:* http://blog.apastyle.org/apastyle/2011/05/procrastination-on-writing-tomorrow-what-you-should-have-written-last-year.html (consultado el 9 de enero de 2016). Que el autor habla con autoridad basada en la experiencia, puede comprobarse consultando sus artículos científicos, por ejemplo: KANE, M. y otros, *"For whom the mind wanders, and when: An experience-sampling study of working memory and executive control in daily life"* en *Psychological Science*, 18, 2007, pp. 614-621.

[7] SILVIA, P., *"Procrastination..."* cit.

[8] LÓPEZ ESCARCENA, Sebastián, "Para escribir una tesis jurídica: técnicas de investigación en Derecho", en *Ius et Praxis* año 17, 2011, N° 1, p. 235.

[9] COMITÉ INTERNACIONAL DE DIRECTORES DE REVISTAS MÉDICAS, "Requisitos uniformes para preparar los manuscritos que se presentan a las revistas biomédicas: redacción y edición de las publicaciones biomédicas", en *Revista Chilena de Obstetricia y Ginecología* 69, 2004, 2, p. 175.

[10] SABINO, Carlos, *Cómo hacer una tesis y elaborar todo tipo de escritos*, Editorial Lumen/Humanitas, Buenos Aires, 1998, p. 22.

[11] WARBURTON, N., ob. cit., p. 56.

BIBLIOGRAFÍA

COMITÉ INTERNACIONAL DE DIRECTORES DE REVISTAS MÉDICAS, "Requisitos uniformes para preparar los manuscritos que se presentan a las revistas biomédicas: redacción y edición de las publicaciones biomédicas", en *Revista Chilena de Obstetricia y Ginecología* 69, 2004, 2, pp. 157-182.

KANE, M. J., BROWN, L. H., LITTLE, J. C., SILVIA, P. J., MYIN-GERMEYS, I., y KWAPIL, T. R., *"For whom the mind wanders, and when: An experience-sampling study of working memory and executive control in daily life"* en *Psychological Science*, 18, 2007, pp. 614-621.

López Escarcena, Sebastián, "Para escribir una tesis jurídica: técnicas de investigación en Derecho", en *Ius et Praxis* año 17, 2011, N° 1, pp. 231-246.

Sabino, Carlos, *Cómo hacer una tesis y elaborar todo tipo de escritos*, Editorial Lumen/ Humanitas, Buenos Aires, 1998.

——————————, *El proceso de investigación*, Editorial Lumen/Humanitas, 3ª edic., Buenos Aires, 1996.

Serafini, María Teresa, *Cómo redactar un tema. Didáctica de la escritura*, trad. Rosa Premat, Paidós, Barcelona, 1989.

Silvia, Paul J., *How to Write a Lot. A Practical Guide to Productive Academic Writting*, American Physological Association, Washington, 2007.

——————————, *"Procrastination: On Writing Tomorrow What You Should Have Written Last Year"* en *APA Style Blog*: http://blog.apastyle.org/apastyle/2011/05/procrastination-on-writing-tomorrow-what-you-should-have-written-last-year.html (consulta 9 de enero de 2016).

Warburton, Nigel, *The basics of essay writing*, Routledge, New York, 2006.

Zinsser, William, *On Writing Well. The Clasic Guide to Writing Nonfiction*, HarperPerennial, 6ª ed., New York, 1998.

Estilo ISO

Referencias

[1] Zinsser, William. *On Writing Well. The Clasic Guide to Writing Nonfiction*. 6ª ed. New York: HarperPerennial, 1998, p. 12.

[2] Warburton, Nigel. *The basics of essay writing*. New York: Routledge, 2006, p. 15. Agrega que el bloqueo total o la absoluta incapacidad para escribir son muy raros: "Pero la urgencia para hacer algo distinto que escribir cada vez que tengas que hacer un escrito, es extremadamente común" (*idem*).

[3] Cfr. Silvia, Paul J. *How to Write a Lot. A Practical Guide to Productive Academic Writting*. Washington: American Physological Association, 2007, pp. 11-18.

[4] Según la autora italiana, Serafini, María Teresa. *Cómo redactar un tema. Didáctica de la escritura*. trad. Rosa Premat. Barcelona: Paidós, 1989, p. 29, "La fase de planificación es generalmente poco conocida y poco utilizada por los estudiantes, que algunas veces comienzan a escribir apenas reciben el título de la redacción, o esperan, de modo aparentemente inactivo, que llegue la inspiración [...] La espera de la inspiración, cuando no está asociada a un razonamiento activo sobre el trabajo, se resuelve solamente en una pérdida de tiempo". En el mismo sentido, rechaza que la búsqueda de inspiración sea una buena estrategia para escribir: Silvia, P. ob. cit. p. 23.

[5] Sabino, Carlos. *El proceso de investigación*. 3ª ed. Buenos Aires: Editorial Lumen/ Humanitas, 1996, p. 210.

[6] Silvia, Paul J. Procrastination: On Writing Tomorrow What You Should Have Written Last Year. *APA Style Blog* [en línea]. 5 de mayo de 2011. [Fecha de consulta: 9 de enero de 2016]. Disponible en: <http://blog.apastyle.org/apastyle/2011/05/procrastination-on-writing-tomorrow-what-you-should-have-written-last-year.html> Que el autor habla con autoridad basada en la experiencia, puede comprobarse consultando sus artículos científicos, por ejemplo: Kane, M., et al. For whom the mind wanders, and when: An experience-sampling study of working memory and executive control in daily life. *Psychological Science*, 18, 2007, pp. 614-621.

[7] Silvia, P., Procrastination... cit.

[8] López Escarcena, Sebastián. Para escribir una tesis jurídica: técnicas de investigación en Derecho. *Ius et Praxis* año 17, 2011, N° 1, pp. 235.

[9] Comité Internacional de Directores de Revistas Médicas. Requisitos uniformes para preparar los manuscritos que se presentan a las revistas biomédicas: redacción y edición de las publicaciones biomédicas. *Revista Chilena de Obstetricia y Ginecología* 69, 2004, 2, p. 175.

[10] Sabino, Carlos. *Cómo hacer una tesis y elaborar todo tipo de escritos*. Buenos Aires: Editorial Lumen/Humanitas, 1998, p. 22.

[11] Warburton, N. ob. cit. p. 56.

Bibliografía

Comité Internacional de Directores de Revistas Médicas. Requisitos uniformes para preparar los manuscritos que se presentan a las revistas biomédicas: redacción y edición de las publicaciones biomédicas. *Revista Chilena de Obstetricia y Ginecología* 69, 2004, 2, pp. 157-182.

Kane, M., et al. For whom the mind wanders, and when: An experience-sampling study of working memory and executive control in daily life. *Psychological Science*, 18, 2007, pp. 614-621.

López Escarcena, Sebastián. Para escribir una tesis jurídica: técnicas de investigación en Derecho. *Ius et Praxis* año 17, 2011, N° 1, pp. 231-246.

Sabino, Carlos. *Cómo hacer una tesis y elaborar todo tipo de escritos*. Buenos Aires: Editorial Lumen/Humanitas, 1998, p. 22.

——————————, *El proceso de investigación*. 3ª ed. Buenos Aires: Editorial Lumen/Humanitas, 1996.

Serafini, María Teresa. *Cómo redactar un tema. Didáctica de la escritura*. trad. Rosa Premat. Barcelona: Paidós, 1989.

Silvia, Paul J. *How to Write a Lot. A Practical Guide to Productive Academic Writting*. Washington: American Physological Association, 2007.

——————————, Procrastination: On Writing Tomorrow What You Should Have Written Last Year. *APA Style Blog* [en línea]. 5 de mayo de 2011. [Fecha de consulta: 9 de enero de 2016]. Disponible en: <http://blog.apastyle.org/apastyle/2011/05/procrastination-on-writing-tomorrow-what-you-should-have-written-last-year.html>

WARBURTON, Nigel. *The basics of essay writing*. New York: Routledge, 2006.

ZINSSER, William. *On Writing Well. The Clasic Guide to Writing Nonfiction*. 6ª ed. New York: HarperPerennial, 1998, p. 12.

Estilo APA

Referencias

[1] ZINSSER (1998) 12.

[2] WARBURTON (2006) 15. Agrega que el bloqueo total o la absoluta incapacidad para escribir son muy raros: "Pero la urgencia para hacer algo distinto que escribir cada vez que tengas que hacer un escrito, es extremadamente común" (*idem*).

[3] Cfr. SILVIA (2007), 11-18.

[4] Según la autora italiana, SERAFINI (1989) 29, "La fase de planificación es generalmente poco conocida y poco utilizada por los estudiantes, que algunas veces comienzan a escribir apenas reciben el título de la redacción, o esperan, de modo aparentemente inactivo, que llegue la inspiración [...] La espera de la inspiración, cuando no está asociada a un razonamiento activo sobre el trabajo, se resuelve solamente en una pérdida de tiempo". En el mismo sentido, rechaza que la búsqueda de inspiración sea una buena estrategia para escribir: SILVIA (2007) 23.

[5] SABINO (1996) 210.

[6] SILVIA (2011). Que el autor habla con autoridad basada en la experiencia, puede comprobarse consultando sus artículos científicos, por ejemplo: KANE, M. J., *et al.* (2007) 614-621.

[7] SILVIA (2011).

[8] LÓPEZ ESCARCENA (2011) 235.

[9] COMITÉ INTERNACIONAL DE DIRECTORES DE REVISTAS MÉDICAS.(2004) 175.

[10] SABINO (1998) 22.

[11] WARBURTON (2006) 56.

Bibliografía

COMITÉ INTERNACIONAL DE DIRECTORES DE REVISTAS MÉDICAS. (2004). Requisitos uniformes para preparar los manuscritos que se presentan a las revistas biomédicas: redacción y edición de las publicaciones biomédicas. *Revista Chilena de Obstetricia y Ginecología* 69, 2, 157-182.

KANE, M. J., BROWN, L. H., LITTLE, J. C., SILVIA, P. J., MYIN-GERMEYS, I., y KWAPIL, T. R. (2007). For whom the mind wanders, and when: An experience-sampling study of working memory and executive control in daily life. *Psychological Science, 18*, 614-621.

López Escarcena, S. (2011). Para escribir una tesis jurídica: técnicas de investigación en Derecho. *Ius et Praxis*, *17* (1), 231-246.

Sabino, C. (1996). *El proceso de investigación*. (3ª ed.). Buenos Aires: Editorial Lumen/Humanitas.

——————— (1998). *Cómo hacer una tesis y elaborar todo tipo de escritos*. Buenos Aires: Editorial Lumen/Humanitas, 22.

Serafini, M. T. (1989). *Cómo redactar un tema. Didáctica de la escritura*. Barcelona, España: Paidós, trad. Rosa Premat.

Silvia, P. J. (2007). *How to Write a Lot. A Practical Guide to Productive Academic Writting*. Washington, EE.UU.: American Physological Association.

——————— (2011). Procrastination: On Writing Tomorrow What You Should Have Written Last Year. [entrada en blog]. Recuperado de <http://blog.apastyle.org/apastyle/2011/05/procrastination-on-writing-tomorrow-what-you-should-have-written-last-year.html>

Warburton, N. (2006). *The basics of essay writing*. New York, EE.UU.: Routledge.

Zinsser, W. (1998). *On Writing Well. The Clasic Guide to Writing Nonfiction*. (6ª ed.). New York, EE.UU.: HarperPerennial.

Sistema autor-fecha (en estilo APA)

Texto con inclusión de referencias

Cuando se trata de enseñar a escribir trabajos en el ámbito académico, todos los autores coinciden en una idea fundamental: se trata de una tarea cuyo resultado puede ser muy gratificante, pero es un trabajo duro, que requiere esfuerzo, disciplina y la formación de hábitos de conducta, que solo se adquieren con la constancia y la paciente repetición. A los que comienzan, dice Zinsser (1998), no hay que esconderles esta realidad: "Si tú encuentras que escribir es duro, es porque lo es" (p. 12).

Los que se inician, en consecuencia, no deben asustarse si tienen dificultades para sentarse delante del computador y escribir el ensayo, trabajo o comentario que se les ha pedido. Con gran realismo, señala Warburton (2006) que si uno tiene un ensayo que escribir, es impresionante lo fácil que es encontrar otras cosas para hacer (p. 15). Agrega que el bloqueo total o la absoluta incapacidad para escribir son muy raros: "Pero la urgencia para hacer algo distinto que escribir cada vez que tengas que hacer un escrito, es extremadamente común" (*idem*).

Otra de las excusas frecuentes es la de que no se encuentra el tiempo suficiente para escribir. En realidad nadie encuentra tiempo si no destina, dentro de todas sus actividades, un espacio para una determinada cosa, es decir, si no asigna un tiempo del día o de la semana a escribir. Más que el número de horas o de días, para lograr el hábito, lo importante es la regularidad (Silvia, 2007, pp. 17-18) y la planificación: según Serafini (1989) "La fase de planificación es generalmente poco conocida y poco utilizada por los estudiantes, que algunas veces comienzan a escribir apenas reciben el título de la redacción, o esperan, de modo aparentemente inactivo, que llegue la inspiración [...] La espera de la inspiración, cuando no está asociada a un razonamiento activo sobre el trabajo, se resuelve solamente en una pérdida de tiempo" (p. 29). En el mismo sentido, Silvia (2007) rechaza que la búsqueda de inspiración sea una buena estrategia para escribir (p. 23).

Hay que convencerse de que la elaboración de un escrito que da cuenta de la investigación desarrollada es una "parte constitutiva e importante del trabajo científico en sí" (Sabino, 1996, p. 210) y que lo peor que puede suceder es que los investigadores se dejen llevar por la idea de dejar para mañana lo que pueden hacer hoy (Silvia, 2011). Internet, con sus muchas fuentes de información, puede constituir una excusa para no escribir (Silvia, 2011). Que el autor habla con autoridad basada en la experiencia, puede comprobarse consultando sus artículos científicos, por ejemplo: Kane *et al.* (2007).

Otro consejo para ayudar a las musas de la inspiración es hacer cuanto antes un índice provisional del trabajo. Se puede extender a todas las disciplinas, lo que López dice sobre la investigación jurídica, en el sentido de que constituirá el plan de trabajo y que "tendrá, por tanto, que ser definido lo antes posible" (López, 2011, p. 235).

Una cuestión importante, sobre todo si se trata de un trabajo de investigación, es tener en cuenta las formas de citas, notas, referencias y otras exigencias que se ocupan en la respectiva disciplina. Por ejemplo, tratándose de las ciencias biomédicas el Comité Internacional de Directores de Revistas Médicas (que tiene su origen en la conferencia de Vancouver en 1978) recomienda incluso una estructura uniforme para cada artículo, la llamada IMRYD: Introducción, Método, Resultados y Discusión (Comité Internacional de Directores de Revistas Médicas, 2004, p. 175). Estas exigencia no son caprichosas y "tienen por objetivo proporcionar una comprensión clara y completa de lo que se busca transmitir" (Sabino, 1998, p. 22). Además, el uso apropiado y sistemático de las normas sobre citas y referencias ayuda a no incurrir en el temido plagio, dado que es muy común que una de sus formas se produzca por falta de cuidado en esta tarea (Warburton, 2006, p. 56).

Listado de referencias

Comité Internacional de Directores de Revistas Médicas. (2004). Requisitos uniformes para preparar los manuscritos que se presentan a las revistas biomédicas: redacción y edición de las publicaciones biomédicas. *Revista Chilena de Obstetricia y Ginecología, 69* (2), 157-182.

Kane, M. J., Brown, L. H., Little, J. C., Silvia, P. J., Myin-Germeys, I., y Kwapil, T. R. (2007). For whom the mind wanders, and when: An experience-sampling study of working memory and executive control in daily life. *Psychological Science, 18*, 614-621.

López Escarcena, S. (2011). Para escribir una tesis jurídica: técnicas de investigación en Derecho. *Ius et Praxis, 17* (1), 231-246.

Sabino, C. (1996). *El proceso de investigación*. (3ª ed.). Buenos Aires: Editorial Lumen/Humanitas.

——————— (1998). *Cómo hacer una tesis y elaborar todo tipo de escritos*. Buenos Aires: Editorial Lumen/Humanitas, 22.

Serafini, M. T. (1989). *Cómo redactar un tema. Didáctica de la escritura*. Barcelona, España: Paidós, trad. Rosa Premat.

SILVIA, P. J. (2007). *How to Write a Lot. A Practical Guide to Productive Academic Writting.* Washington, EE.UU.: American Physological Association.

——————— (2011). Procrastination: On Writing Tomorrow What You Should Have Written Last Year. [entrada en blog]. Recuperado de <http://blog.apastyle.org/apastyle/2011/05/procrastination-on-writing-tomorrow-what-you-should-have-written-last-year.html>

WARBURTON, N. (2006). *The basics of essay writing.* New York, EE.UU.: Routledge.

ZINSSER, W. (1998). *On Writing Well. The Clasic Guide to Writing Nonfiction.* (6ª ed.). New York, EE.UU.: HarperPerennial.

Anexo ii: Reglas básicas de ortografía y redacción

Acentuación

Reglas generales de acentuación

Las palabras agudas (tónica en la última sílaba) se acentúan si terminan en vocal, n o s. Las palabras graves (tónica en la penúltima sílaba) se acentúan salvo que terminen en vocal, n o s. Las esdrújulas (tónica en la antepenúltima sílaba) y sobresdrújulas (tónica en la anterior a la antepenúltima sílaba) se acentúan siempre. Estas reglas se aplican tanto a las letras minúsculas como a las mayúsculas

Agudas	Graves	Esdrújulas	Sobresdrújulas
misión	perspectiva	Bioética	arriéndemela
escribiré	Ángel	método	tómeselo
cartel	hábil	ESTADÍSTICA	devuélvemela
amor	contrario	empírico	oblíguesele

Reglas particulares

Monosílabos

Los monosílabos (palabras compuestas de una sílaba) no se acentúan, salvo que haya peligro de ambigüedad (acento diacrítico).

Así, no se acentúan: fue, fe, fui, hay, con, ti, sol, vio, mes, hoy.

Se acentúan con acento diacrítico para distinguir sus funciones algunas de las siguientes palabras:

Acento	Sin acento
Me pregunté a *mí* mismo	Tomé *mi* cuaderno
Tú no has cooperado en el grupo	Me integré bien a *tu* grupo
Es mejor preguntarle a *él*	Puedo definir *el* concepto
No ha llegado *aún* a la reunión	*Aun* los niños lo entienden
Siempre es posible ir por *más* estudio	No siempre puedo, *mas* siempre me esfuerzo
La mayoría contestó que *sí*	Responderé *si* me preguntan
Solo *sé* que nada *sé*	Le dijeron y *se* asombró

Diptongos

Se llaman diptongos las uniones de dos o más vocales que forman una sola sílaba. Pueden ser uniones de vocales abiertas (a, e, o) con vocales cerradas (i, u): p*ai*sano, p*au*sado; o de vocales cerradas (no tónicas) con vocales abiertas: ten*ie*nte, c*ua*nto; o de vocal cerrada con vocal cerrada: contrib*ui*r, c*iu*dad, tr*iu*nfo.

Las palabras con diptongos se acentúan conforme a las reglas generales. Así, canción (aguda terminada en n); huésped (grave no terminada en n o s ni vocal); triángulo (esdrújula). Si es un monosílabo no se acentúa: fui, guion, truhan.

Hiatos

Se conocen como hiatos las combinaciones de vocales que conforman dos sílabas diferentes. Se dan cuando se produce la unión de dos vocales iguales: alcohol, poseer; de dos vocales abiertas: teatro, feo; de vocal cerrada tónica y vocal abierta átona: alegría, atenúa; y de vocal abierta átona y vocal cerrada tónica: oír, reír, transeúnte.

Los hiatos formados por las mismas vocales o dos vocales abiertas se acentúan según las reglas generales, asumiendo que se trata de dos sílabas: por ejemplo, "vean" es palabra bisílaba y grave: ve-an, como termina en n, no lleva acento.

Cuando el hiato se forma por vocales cerradas y abiertas, o viceversa, siempre lleva la tilde sobre la vocal cerrada: caída, prohíbe, dúo, río.

Acentos interrogativos o exclamativos

Ciertas palabras llevan acento diacrítico para distinguirlas según si tienen valor interrogativo o exclamativo. Son las expresiones: adónde, cómo, cuál, cuán, cuándo, cuánto, dónde, qué y quién. Deben acentuarse si forman parte de una oración interrogativa o exclamativa: "¿Dónde dijo que iría?"; "¡Qué bien te ha ido!", o de una oración indirectamente interrogativa o exclamativa: "Me pregunto quién sería el culpable", "No podemos imaginar cuánto sufrieron". También llevan acento cuando se les usa como sustantivos: "Todo periodista debe preguntarse el quién, el cuándo, el dónde y el cómo".

La expresión "por qué" se distingue de la conjunción "porque". La primera es interrogativa: "¿Por qué fracasó el experimento?"; "Supimos por qué él no concurrió a la fiesta". La segunda es una conjunción que denota causa-efecto: "Consintió en retirarse porque le convenía"; "No lo preví porque nunca pude imaginarlo". Si funciona como sustantivo va junto y con acento: "La hipótesis de la investigación contiene la posible respuesta al porqué de la misma".

Solo, este, ese, aquel

Hasta el año 2010, la Real Academia Española sugería poner acento diacrítico a las palabras solo, este, ese y aquel (y sus respectivos femeninos y plurales). Por ejemplo, si el "solo" era adverbio (podía reemplazarse por solamente) debía llevar acento: "Sólo dos casos dieron positivo"; no si era adjetivo que denotaba soledad: "Entraron a la casa cuando estaba solo". Algo similar ocurría con las palabras este, ese aquel, etc.; si eran pronombres podían acentuarse: "no soporto hablar con ése"; si eran demostrativos no llevaban acento: "cuidado con aquel perro".

En la edición 2010 de la Ortografía de la Real Academia Española se suprime este acento diacrítico, y estas palabras pasan a sujetarse a las reglas comunes de acentuación, las que en todos los casos señalan que no se acentúan. Según la Academia el peligro de ambigüedad es escaso y normalmente el contexto sirve para distinguir en qué función se está usando la palabra.

En consecuencia, la recomendación actual es que los vocablos solo, ese, este, aquel, esa, esta, aquella, esos, estos, aquellos, no se acentúen nunca. Sin embargo, se trata de una sugerencia y no de una norma imperativa, de modo que no es incorrecto poner los acentos diacríticos antiguos.

Algunos errores frecuentes

El verbo "haber"

Debe evitarse la confusión entre la preposición "a" y la tercera persona del verbo haber: "ha". De esta forma, es erróneo escribir que: "el metal se a fundido a tal temperatura" o "el metal a resultado más resistente de lo que se preveía". En ambos casos se está aplicando la conjugación verbal de haber: "ha fundido"; "ha resultado". En cambio, sería equivocado redactar: "fui ha ese laboratorio" o "esa persona ha la que no saludaste", ya que aquí no se está usando el verbo haber sino la preposición "a": "a ese laboratorio"; "a la que no saludaste".

Otro error que suele ocurrir es confundir el verbo haber en sus formulaciones como haya, haye, hayamos, etc. y el verbo hallar (= encontrar). Así, no es correcto: "No haya quien no busca" o "Siempre que no halla sucumbido a sus encantos". En la primera oración se trata del verbo hallar, por lo que debe escribirse con doble ele: "ll": "No halla..."; en la segunda, en cambio se trata del verbo haber y debe escribirse con i griega: "y": "no haya sucumbido...".

Un tercer yerro frecuente es conjugar en plural el verbo haber cuando, siendo impersonal, debe ir en singular. Por ejemplo, es equivocado escribir (o decir): "han habido científicos que opinaron lo mismo", "este año hubieron menos alumnos con puntaje nacional en la PSU". Lo correcto es: "ha habido científicos..." y "este año hubo menos...".

Géneros y números

Las palabras tienen género, el que en los seres animados, coincide con el sexo. En las cosas inanimadas suele ser convencional: la flor, el motor. Además del género es importante el número: las casas, los marineros. En el castellano hay que cuidar que exista concordancia entre el artículo, el sustantivo y el verbo en cuanto a género y número. Así sería erróneo escribir: "Entre las caracteres que conforma la estructura biológica..."; lo correcto es atender al género masculino y el número plural del sustantivo "caracteres", de modo que el artículo que le corresponde es "los" y el verbo debe conjugarse en plural: "conforman": "Entre los caracteres que conforman la estructura biológica...". Estas discordancias suelen producirse por las substituciones de palabras que se realizan mediante el procesador de texto.

Cuando los nombres son de géneros diversos, se recurre al recurso gramatical del "género marcado", o sea, el que puede significar la inclusión de individuos de ambos géneros. De esta manera, cuando la frase "los hombres nacen libres e iguales en dignidad y derechos", se aplica a todos los seres humanos, sean varones o mujeres. Conforme a las reglas gramaticales de la lengua española el género marcado es el masculino.

En el último tiempo, se ha querido ver una suerte de "machismo" encubierto en esta formulación del lenguaje y ha proliferado en los textos políticos y jurídicos una reiteración que resulta artificial: ciudadanos y ciudadanas, los niños y las niñas, el alumno y la alumna, profesores y profesoras, etc. En algunos ambientes se está propiciando el uso del símbolo de la arroba: @, para significar que puede leerse como "a" o como "o": por ejemplo, "les pedimos a tod@s l@s alumn@s...". La Real Academia de la Lengua Española desaconseja tanto la duplicidad, que transgrede la regla de la economía expresiva, como el uso de la arroba, que no es un signo linguístico.

Dequeísmo y queísmo

El uso de las expresiones "de" y "que" han dado lugar a dos vicios de lenguaje opuestos llamados dequeísmo: poner "de que" cuando solo corresponde "que", y queísmo: poner "que" cuando lo correcto es "de que".

Veamos: son dequeístas las expresiones siguientes: "puedo decir de que..."; "esto prueba de que..."; "pensaron de que..."; "nos parece de que…"; "sostenemos de que…"; "recuerdo de que…"; "propone de que…". Lo correcto es, en cambio, "puedo decir que…"; "esto prueba que…"; "pensaron que…"; "nos parece que…"; "sostenemos que…"; "recuerdo que…"; "propone que…".

Son queísmos los siguientes: "me convencí que…"; "estoy nervioso a pesar que no me afecta"; "lo analizaré después que resuelva esto"; "nos hemos dado cuenta que ocurrió lo que se temía"; "tenemos la impresión que lo lograrás"; "opino lo mismo con la diferencia que…". Lo correcto es decir: "me convencí *de* que…"; "estoy nervioso a pesar *de* que no me afecta"; "lo analizaré después *de* que resuelva esto"; "nos hemos dado cuenta *de* que ocurrió lo que se temía"; "tenemos la impresión *de* que lo lograrás"; "opino lo mismo con la diferencia *de* que…".

Una fórmula que puede ayudar para ver si la frase va con "de que" o solo con "que" es convertir la frase en interrogativa y ver si va bien con una u otra. Por ejemplo, si se duda sobre la expresión "esto prueba de que…", se verá que la pregunta correcta no es "¿de qué prueba esto?", sino "¿qué prueba esto?"; en consecuencia lo correcto es decir: "esto prueba que…" y no: "esto prueba *de* que…". Si la frase en duda es "me convencí que…", habrá que ver cuál interrogante cuadra: "¿qué me convencí?" o "¿de qué me convencí?". Como obviamente la que suena bien es la segunda, entonces lo correcto es "me convencí *de* que…".

No obstante, hay expresiones que pueden construirse con "que" o con "de que": antes que/antes de que; con tal de que/con tal que; después de que/después que; dudo de que/dudo que;

Otras expresiones incorrectas

Incorrecto	Correcto
en base a	con base en; sobre la base de
a grosso modo	grosso modo
bajo el punto de vista	desde el punto de vista
de acuerdo a	de acuerdo con
en relación a	en relación con

Incorrecto	Correcto
no cabe duda que	no cabe duda de que
de otro lado	por otro lado
de otra parte	por otra parte
de conformidad a	en conformidad con
en caso que	en caso de que
a fin que	a fin de que
discrepo de	discrepo con

Anexo III: Uso de diferentes tipos de letras

Mayúsculas y minúsculas

Las mayúsculas deben usarse conforme a las reglas generales de la ortografía, así en la letra inicial del comienzo de un párrafo, y después de cada punto y aparte o punto seguido, cuando se trata de nombres propios de personas (María, Pedro, Margarita) o lugares geográficos (Argentina, Santiago, Marchigüe). También llevan inicial mayúsculas las denominaciones relacionadas con la divinidad (Dios, Jesucristo, Cristo, Jehová, Yahvé, Alá), y los títulos de libros u obras de arte (Cien años de soledad, La última cena, Cavalleria rusticana).

Las palabras enteras (ej. AMANECER, MICROSCOPIO, SATÉLITE) no se escriben con mayúsculas. Solo se excepcionan los títulos de mayor jerarquía que pueden escribirse con mayúsculas para distinguirlos de los inferiores (ej. I. EL AMANECER DEL SIGLO XXI). Debe recordarse que en este caso las mayúsculas deben acentuarse igual que las minúsculas (ej. IV. EXPLORACIÓN DEL INTERIOR DE LA CÉLULA).

También se ponen en mayúsculas las siglas: ONU, OCDE, EE.UU., FF.AA. En cambio, los llamados acrónimos (abreviaciones que se leen como palabras) pueden ir solo con mayúscula inicial: Isapre, Eunacom, Mineduc, Cenabast o, si se han incorporado al uso natural del lenguaje, sólo en minúsculas: ovni, radar, iva.

Hay que advertir que los días de la semana (lunes, martes, miércoles... etc.), los meses del año (octubre, noviembre, diciembre) así como las estaciones (verano, invierno, primavera, otoño), se deben escribir sin mayúscula inicial.

Las disciplinas científicas también deben escribirse enteramente con minúsculas: sociología, medicina, biología, derecho, ciencia política. Llevan mayúscula inicial, en cambio, si se usan en contextos académicos queriendo designar un estudio o materia reglada: p. ej. mi amigo es licenciado en Biología Marina. Lo mismo sucede si se trata de nombrar cursos o asignaturas: Álgebra Lineal, Semiología, Derecho Civil, Biología Molecular.

Existen muchas más reglas, que puedes consultar en la Ortografía de la lengua española, edición 2010, que está disponible en el sitio: http://www.rae.es/recursos/ortografia/ortografia-2010.

Negrita

La letra negrita: **negrita**, se puede usar para destacar algunos títulos de mayor entidad o envergadura. Por ejemplo, el título del trabajo que figura en la portada.

En algunas obras se suele usar para destacar o enfatizar ciertas expresiones dentro de un texto. Pero, en general, esta práctica es desaconsejable porque resulta demasiado agresiva para la vista del lector y rompe la armonía estética del conjunto del texto. Esta función debe reservarse a la letra cursiva o itálica.

Cursiva o itálica

La letra cursiva o itálica: *itálica,* tiene varios usos posibles. El primero es el de destacar o enfatizar una expresión dentro de un texto. Cuando el autor del trabajo desea que el lector se fije en una o más palabras de una cita textual, las pondrá en itálica, pero a continuación o en nota de pie de página deberá aclarar que esa grafía no está en el texto original que se está citando. Se suelen usar para ello frases como "lo destacado es nuestro" o "énfasis añadido".

La letra itálica se usa también para indicar expresiones que están en latín o en un idioma distinto al que se emplea en el texto: "En Estados Unidos todo el país se detiene cuando se transmite el *Super bowl,* sin importar qué esté sucediendo *ad intra* o *ad extra* en la política norteamericana".

Finalmente, aunque depende de los estilos de referencias, es común que el título de las obras o de las revistas vayan en letra cursiva o itálica: *Filosofía del hombre: una antropología de la intimidad, Foundations of Economic Analysis, Journal of the American Dental Association, Revista Chilena de Cardiología, Teología y Vida, Revista Ingeniería de Construcción.*

Versalita

La letra versalita es menos conocida. Se trata de una letra mayúscula pero del tamaño de la minúscula: versalita. Se emplea para diseñar títulos y para colocar los apellidos y nombres de los autores mencionados en el texto, en las referencias de pie de página y en la bibliografía. Hay que tener en cuenta que al escribir el letra versalita deben diferenciarse versales mayúsculas y minúsculas: por ejemplo, al escribir nombre de autores: Vargas Llosa.

Subrayado

La letra subrayada es aquella que lleva una línea recta debajo de su borde inferior: <u>subrayada</u>. A veces se la emplea para diseñar títulos o para marcar un énfasis o destacar alguna frase. Pero esta práctica no es recomendable en textos impresos, porque el subrayado suele montarse sobre la base de las letras lo que no es estéticamente grato al lector. Para destacar o poner énfasis, como ya se vio, se debe usar la letra cursiva o itálica.

Anexo iv: Gráficos y figuras

Gráfico lineal

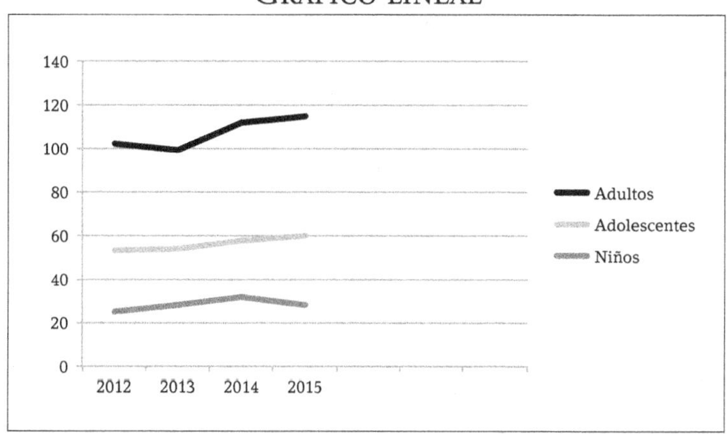

Gráfico de columnas

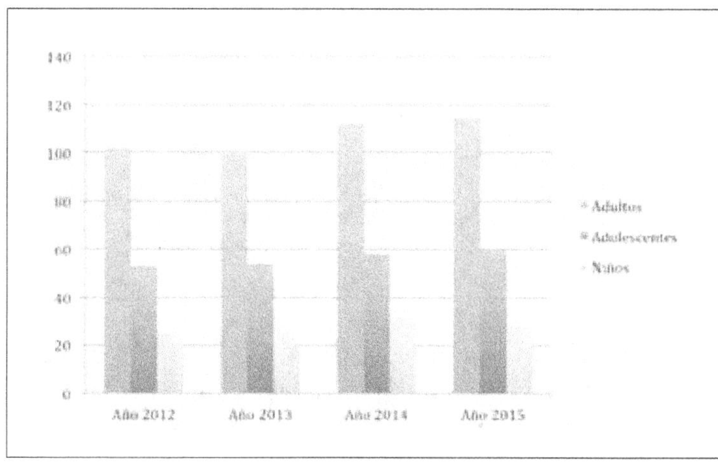

Gráfico de barras

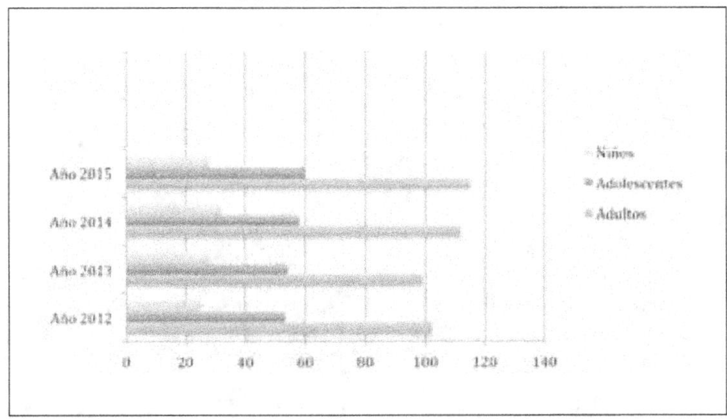

Gráfico circular

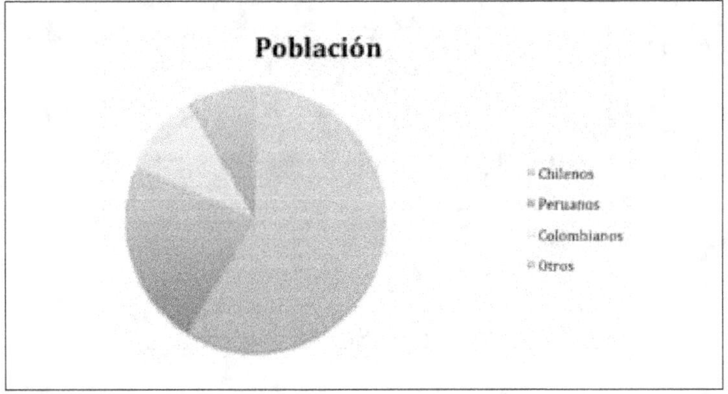

Figura

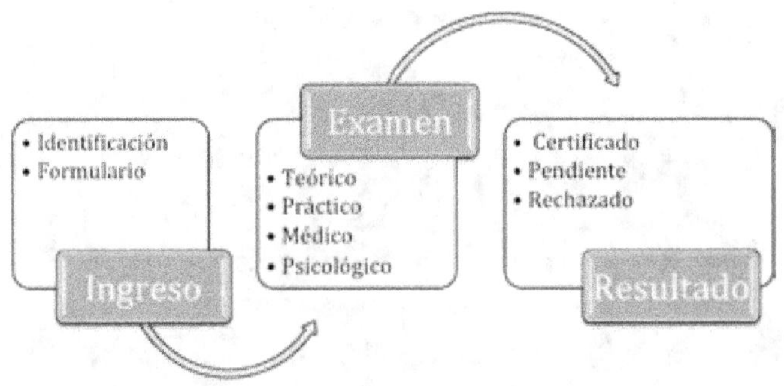

Anexo v: Modelos de índices

Índice con numeración arábiga

La metodología en las ciencias sociales

Índice con letras

La metodología en las ciencias sociales

Índice con números romanos, árabes y letras

ANEXO VI: MODELO DE PORTADA

Universidad ....
Facultad de Sociología

LA METODOLOGÍA EN LAS CIENCIAS SOCIALES

Pablo Linares Salazar

Trabajo de investigación para el curso
"Metodología sociológica"
dictado por la profesora
Angélica Contreras Jara

Santiago de Chile, 20 de enero de 2016

Bibliografía

Academia Chilena de la Lengua. *Lo pienso bien y lo digo mal. Notas idiomáticas para el correcto uso del idioma*. Santiago: Catalonia, 2014.

Real Academia Española. *Nueva gramática básica de la lengua española*, Buenos Aires, Planeta, 2011.

Comas, Rubén y Sureda, Jaume. "Ciberplagio Académico. Una aproximación al estado de los conocimientos". Revista Textos de la CiberSociedad, 10, 2007. Disponible en http://www.cibersociedad.net/textos/revista.php?num=10 (consulta 9 de enero de 2016).

Cassany, Daniel. *Afilar el lapicero. Guía de redacción para profesionales*. Traducción de Óscar Morales y Daniel Cassany, Barcelona: Anagrama, 2007.

Eco, Umberto, *Cómo se hace una tesis*. Traducción de Lucía Baranda y Alberto Clavería, Barcelona: Gedisa, 1993.

Guitton, Jean. *El trabajo intelectual*. 2ª ed. Traducción Francisco Javier de Fuentes. Madrid: Rialp, 2000.

Hartley, James. *Academic Writing and Publishing. A Practical Handbook*, New York: Routledge, 2008.

Larraín, Consuelo y Hott, Jacqueline. *Escribir con estilo*. Santiago: Ril editores, 2002.

López Ruiz, Miguel. *Normas técnicas y de estilo para el trabajo académico*. México: Universidad Nacional Autónoma de México, 2003.

Miranda Montecinos, Alejandro. "Plagio y ética de la investigación científica". *Revista chilena de derecho* 2013, vol. 40, n. 2, pp. 711-726.

Sabino, Carlos A. *Cómo hacer una tesis y elaborar todo tipo de escritos*. Buenos Aires: Editorial Lumen Humanitas, 1998.

Serafini, María Teresa. *Cómo redactar un tema. Didáctica de la escritura*. Traducción de Rosa Premat. Barcelona: Paidós, 1989.

Silvia, Paul J. *How to Write a Lot. A Practical Guide to Productive Academic Writting*. Washington: American Physological Association, 2007.

Walker, Janice R. y Taylor, Todd. *The Columbia Guide to Online Style*. New York: Columbia University Press, 1998.

Warburton, Nigel. *The basics of essay writing*. New York: Routledge, 2006.

Zinsser, William. *On Writing Well. The Clasic Guide to Writing Nonfiction*. 6ª ed. New York: HarperPerennial, 1998.

www.ingramcontent.com/pod-product-compliance
Lightning Source LLC
Chambersburg PA
CBHW081406160726
48000CB00010B/3504